AI, 그리고
인간의 고립과 연대

인공지능총서

인공지능 시대입니다. 기계가 인간의 인지를 대신하고, 사물이 인간을 통하지 않고 다른 사물과 직접 커뮤니케이션합니다. 이에 따른 인간 삶과 문명 변화를 정확히 이해·예측·대응하는 것은 이 시대 우리 모두의 과제입니다. 인공지능총서는 인공지능 기술과 환경의 여러 주제를 10가지 키워드로 정리합니다. 관련 개념과 이론, 학계와 산업계의 쟁점, 우리 일상의 변화를 다룹니다. 인간과 기술의 현재, 미래를 세심히 분석합니다.

일러두기

- 인명, 작품명, 저서명, 개념어 등은 한글과 함께 괄호 안에 해당 국가의 원어를 병기했습니다.
- 외래어 표기는 현행 어문규정의 외래어표기법을 따랐습니다. 다만 '딥러닝', '딥마인드', '딥페이크' 등은 관행을 따랐습니다.

처음이세요?

전문가세요?

AI, 그리고
인간의 고립과 연대

김성아

대한민국, 서울, 커뮤니케이션북스, 2025

AI, 그리고 인간의 고립과 연대

지은이 김성아
펴낸이 박영률

초판 1쇄 펴낸날 2025년 2월 27일

커뮤니케이션북스(주)
출판 등록 2007년 8월 17일 제313-2007-000166호
02880 서울시 성북구 성북로 5-11
전화(02) 7474 001, 팩스(02) 736 5047
commbooks@commbooks.com
www.commbooks.com

ISBN 979-11-7307-526-1 03500

책값은 뒤표지에 표시되어 있습니다.

차례

고립, 그리고 AI와 열 수도 있는 새로운 연대

현대인의 소외 그리고 고립

1936년에 개봉된 흑백영화 〈모던 타임즈(Modern Times)〉에서 주인공 찰리 채플린은 컨베이어 벨트 공장에서 하루 종일 휴식 시간도 없이 나사못을 조이는 일을 한다. 거대한 기계의 부품처럼 단순 작업을 반복하던 주인공은 눈에 보이는 모든 것을 조여야 할 것 같은 강박으로 신경 쇠약과 과로에 시달린다. 결국 정신병원에서 퇴원한 그는 실업자가 되어 거리를 방황하다 시위에 휩쓸려 수감된다. 우스꽝스럽게 묘사했지만, 이 영화가 명작으로 남은 것은 애써 모른 척했던 무언가를 자극하며 심금을 울리는 무엇이 있기 때문일 것이다. 사계절을 따라 농경 사회에서는 농사를 짓는 사람 수가 곧 노동력이었다.

혈연에 따른 대가족이 집단을 이루어 마을에서 함께 살았고, 세대를 거듭해 전승되는 노하우로 농사일을 하며 생존해 나갔다. 하지만 산업화된 자본주의 사회에서 인간은 부품화되고 소외된다. 공장이 사라지면 일자리를 따라 이동해야 했기 때문에 가족의 규모는 작아졌다. 매뉴얼을 따르면 되는 일을 하거나 노하우를 전승받을 일이 없는 윗세대와 분리되고, 일을 할 수 있는 경제활동기의 부부와 자녀만으로 구성된 핵가족이 자리 잡았다.

처음에는 남성 1인이 가구주 역할을 맡으며 공장에서 노동하고 벌어 온 돈으로 배우자와 자녀를 먹여 살릴 수 있었다. 하지만 점차 자본이 자본을 독과점하고, 러다이트 운동(Luddite Movement)으로 노동자의 일거리를 대신하는 기계를 때려 부숴도 대세를 거스르는 일은 쉽지 않았다. 자본은 급여 수준을 정하는 데에 점차 노동자 1인으로 대표되는 가족의 재생산 기능을 신경 쓰지 않게 되었고, 결국 노동자 가족은 가난해졌다. 남성 가구주 1명이 일해서 가족을 먹여 살릴 수 없다면, 일할 수 있는 모두가 일해야 했다. 여성은 면방적업에 종사했다. 아이들도 노동해야 했다. 점차 사람은 마치 기계의 부품처럼 그 세계에 속하면서도 인격을 갖춘 주체로서는 주변화되어 갔다.

산업화된 자본주의에서 집단적으로 등장하는 초개인화 현상이 켜켜이 쌓이면서 개인의 삶에서 고립의 형태로 드러났다. 그리고 “모든 사람은 되도록 타인과 함께 있으려고 하지만 모든 사람은 아주 고독하며, 분리 상태가 극복되지 못했을 때 필연적 결과로 생기는 깊은 불확실성과 불안, 죄책감의 지배를 받는다"(에리히 프롬, 1956).

현세대에 고립은 가족이나 타인과의 사회적 교류도, 어려운 일이 있을 때 도움을 받을 수 있는 지지 체계도 없는 상태로 나타난다(김성아 · 노현주, 2024). 같이 사는 가족 혹은 타인이나 업무상 이유로 누군가와 접촉할 수는 있지만, 인간적 관계를 맺으며 어울리는 것은 아니다. 누군가와 함께 있고 싶지만, 물리적으로는 함께 있기도 하지만, 그 누구도 연결되어 있지 않다. 같은 집에서 사는 가족도 예외는 아니다. 팬데믹 이전인 2019년에 고립된 인구는 4.7% 정도였던 것 같다. 감염병으로부터 생명을 지키고자 사회적 거리두기를 선택했던 팬데믹 동안인 2021년에는 6.0%까지 늘었다. 팬데믹은 해제되었지만 2023년에도 고립 인구의 비율은 6.0% 수준을 유지하고 있다(김성아 · 노현주, 2024). 고립은 잔존하는 사회적 현상이다.

압축 성장한 한국 그리고 고립

미국의 조사업체인 퓨 리서치 센터(Pew Research Center)에서 7개 주요 선진국 국민을 대상으로 삶을 의미 있게 만드는 원천을 물어본 결과를 발표했다. 호주와 뉴질랜드, 스웨덴, 프랑스, 그리스, 독일, 캐나다, 싱가포르, 네덜란드, 벨기에, 일본, 영국, 미국 국민은 가족을 가장 중요한 원천으로 꼽았다. 이탈리아는 가족과 직업을 동률로, 스페인은 건강을 그리고 대만은 사회에 가장 높은 점수를 부여했다. 한국은 유독 물질적 가치를 높게 평가했다(Pew Research Center, 2021.11.18). '돈'이나 '집'으로 대변되는 물질적 가치만이 남은 이 시대에 무언가 우리 이야기가 흐트러진 것도 같다(임동균 외, 2024).

청년 세대에 주목한 한 학자는 경쟁을 내재화한 결과를 '생존주의'로 명명하기도 했다(김홍중, 2015). '일반화된 경쟁 상황에서 도태되지 않는 것'이 '가장 시급한 과제'인 현세대에게 또래는 어울려 살아갈 사람들이라기보다 이기지 않으면 나락으로 떨어지는 경쟁자에 불과할지도 모른다(김홍중, 2015). 획일적인 시험 문제를 풀어낸 결과를 상대 평가하는 시대에 같은 반의 친구는 나와 순위를 두고 다퉈야 하고, 한 일자리를 두고 이겨 내야 하는 경쟁자다. 강 뷰의 고층 아파트와 고급 자동차도 남들이 가지지 않았을 때야 희소성이 있는 자랑거리가 된다. 하나의 정답을 두고 성장기에 경쟁을 내재화한 이들에게 이제 와서 왜 고립되었냐고 묻는 것은 어불성설이다.

경쟁은 동년배에 그치지 않는다. 세대를 뛰어넘어 내 일자리를, 내가 이 사회에서 차지할 한 자리를 위협한다면 윗세대나 아랫세대도 경쟁 대상이 된다. 정년 연장의 어젠다가 세대 갈등을 촉발한 것은 그 예다. 학계에서도 수십 년 동안 내공을 쌓아 비로소 만들어 낸 인용 지수가 높을 걸작보다 논문의 절대적인 개수가 더 중요한 가치가 되었다(강인선, 2024.10.25).

그런데 사실 시간은 흐른다. 누구에게나 공평하게 흐르는 것이 시간이다. 아이였던 사람은 청년이 되고, 청년이었던 사람은 노년기에 접어든다. 각자의 시간 속에서 사회적 사건을 경험하고 자신의 역사를 살아간다. 내 모친은 한국전쟁 직후에 태어나 보릿고개를 기억한다. 좋아하는 음식을 찾아 먹는 손주를 머리로는 이해하지만, 당신의 시대에는 상상하기 어려운 일이다. 나는 유치원에 다닐 때 1988년 서울 올림픽 마스코트인 호돌이를 그리는 숙제를 해야 했고, 2002년 한일월드컵은 비 더 레즈(Be The Reds) 티셔츠를 입고 대학 동기들과 어울려 거리에서 경기를 관람했다. 최근 만난 어느 청년은 한일월드컵 이후에 태어났다. 그에게 당시의 광기 어린 분위기를 말한다 해도 그저 이야기로 흘려들을 뿐이다.

한국은 압축 성장한 나라다. 주요 선진국이 200~300년을 들여 사업화와 민주주의를 이룩한 데에 비해 한국은 한국전쟁 후 주요 선진국의 원조를 받던 수원국에서 다른 나라를 돕는 공여국으로 발전하는 데 70년 정도 시간이 쓰였을 뿐이다(유창엽, 2021.11.25). 2022년 기준 출생 시 기대 수명이 81.7세인 점을 상기하면(국가발전지표, 2024.11.17), 한국이 압축 성장한 역사는 한 사람의 생애보다 짧다. 내 모친은 수원국에서 공여국의 역사를 체험하였고, 그녀의 손주는 별다른 일이 없는 한 공여국 지위를 지키는 선진 한국만을 기억할 것이다. 이들은 같은 시기에 대한민국에서 살면서 명절에 모여 식사를 같이하기도 하지만, 서로 다른 시대의 대한민국을 살고 있다. 사회학자 카를 만하임(Karl Mannheim)은 이를 비동시성의 동시성이라 표현했다(카를 만하임, 1928).

가치와 규범 그리고 그 무언가를 공유하는 공동체는 공통성을 조건으로 한다(로베르토 에스포지토, 2012). 같은 시기에 토지를 공유하며 살아가지만, 공통의 주제가 없다면 혹은 희소한 자원을 두고 다퉈야 하는 경쟁자라면, 과연 공동체의 구성원으로 공존할 수 있을 것인가. 공존할 수 없다면, 결국 사람들은 개별적인 존재로 고립될 수밖에 없다. 성장은 좋은 삶을 위한 물질적 기반을 마련했지만, 짧은 시간 내에 압축적으로 이룬 성과는 사람과 사람 사이의 관계를 메마르게 했는지도 모르겠다.

고립 그리고 AI의 등장

산업화된 자본주의, 한국을 묘사하는 주요한 키워드를 조합하고 있다. 초개인화된 사회의 집단적 현상이 개인의 삶에서 고립으로 나타난 것도 어색하지 않다. 한국전쟁 후 70년 정도 만에 수원국에서 공여국으로 압축 성장한 한국에서는 도태하지 않으려 생존해야 했고, 경쟁을 내재화했다. 서로 다른 역사를 경험한 세대가 동시대를 살면서 한국인은 고립되어 갔다. '고립의 시대'다(노리나 허츠, 2021).

인공지능(AI)이 등장했다. 새롭게 등장했다기보다 어디선가 성장해 온 AI가 그 존재감을 비춰 왔다. 빅데이터를 학습한 AI는 이제 공상과학소설 밖으로 나와 실제 세계에 자리 잡았다. 2016년 3월, 세계 최고 수준의 바둑기사와 겨룬 인공지능 알파고는 총 다섯 번의 대국 중 네 번 승리를 가져갔다(동아사이언스, 2016.3.15). 대국에서 승리한 알파고는 그동안 인간 바둑기사가 축적한 기보의 빅데이터를 학습했다지만, 이제 더는 인간의 지식이 없더라도 스스로 학습할 수 있는 단계에 이르렀다.

한편, 공학은 로봇을 사람답게 만들어 내는 데에 골몰했다. 기계 모습을 한 로봇이 사람을 닮아갈수록 신기한 친밀함을 쌓아 가던 시기를 지나 어느 순간 불쾌감이 증폭되는 불쾌한 골짜기를 넘어서는 것에 대한 도덕적 논란도 있었다(Mori et al., 2012). 영화 〈그녀(Her)〉에서 주인공과 친밀하게 소통하던 사만다를 주변인들은 불편하게 느끼기도 했다.

온라인 채팅으로 질문하면 그동안 인터넷에 축적된 거대한 빅데이터를 학습해 대답하던 챗GPT는 음성 대화 서비스를 개시했다. 영어뿐 아니라 한국어를 포함한 다국어 서비스까지 열렸다. 이용자는 선호하는 목소리를 고를 수 있고, 설정한 지침에 따라 AI는 자연스럽게 대화를 나눌 수 있다. 마치 사람 같은 목소리와 어조로 대화하는 AI는 이제 불쾌한 골짜기를 느낄 구간을 넘어섰다.

모든 것을 기억하고, 허락된 모든 자료에 순식간에 접근할 수 있는 AI는 유용하기까지 하다. 낯선 곳에서 여행을 시작할 때, 어디에서 무엇을 먹고 어디를 가야 좋을지 알려 주기도 한다. 외국어를 통번역해 주는 기능은 세계 어디를 가도 언어의 장벽 때문에 머뭇거릴 일을 없게 했다. 숙제를 해야 하는 학생들에겐 어디서부터 무엇을 시작해야 할지 알려 주는 가이드라인이 되어 줄 수도 있다. 연구자인 필자에겐 논문 여러 편을 찾고 요약하는 기능이 매력적이다.

하지만 알고리즘이 있다면 누구보다 유능할 수 있는 생성형 AI가 반복적이거나 정형적인 일자리를 대체할 것이라는 두려움도 있다(문아람, 2023). 사람을 대신하는 기계를 때려 부쉈던 1810년대 영국 러다이트 운동처럼 드러나지는 않더라도, 낯선 것에 대한 내밀한 두려움이 은밀히 퍼지고 있다.

두 갈래 길: 빨간 약과 파란 약

영화 〈매트릭스〉에서 주인공 네오에게 주어진 두 가지 선택지는 빨간 약과 파란 약이었다. 빨간 약은 혼돈스럽고 외면하고 싶은 진실을 보는 것이고, 파란 약은 기존의 질서 있는 안락한 생활을 진실이라 믿으며 사는 것이다. 영화에서 주인공은 파란 약을 선택하고 괴로워했다. 선택지는 두 가지이고, 그 결말은 또 다르다. 한 갈래는 불편하고 고통스러웠지만 진실이었고, 또 다른 갈래는 거짓이었지만 안온했다.

고립의 시대에 현대인이 우연히 만난 AI, 우리에게 주어진 선택지도 두 가지일 수 있다. 고립을 심화할 것인가, 혹은 고립을 넘어 새로운 연대의 가능성을 상상할 것인가.

시공간을 초월하는 기계를 이용하면 시간과 장소를 정해 사람을 만나는 방식이 과거와 달라져 순식간에 만남을 결정하거나 약속 시간이나 장소를 변경할 수 있다. 인터넷이 탑재된 휴대전화가 있다면 낯선 곳에서 만나자고 해도 금방 지도를 꺼내 길을 찾아낼 수 있다. 오프라인에서 대면하지 않아도 소셜네트워킹서비스(SNS)에서 타인과 일상을 공유할 수도 있다. 역시 시간과 공간이 제약 조건이 되지 않는다. 가장 행복한 순간을 포착해 업로드한 SNS 피드 위에선 모두가 즐거워 보이지만, 보잘것없는 내 일상과 비교하면 위축되기 마련이다. 오랜 시간 숙고하기보다 쇼트폼으로 세상을 축약해 보다 보면 하루 종일 자극적인 쾌락을 즐길 수도 있다. 하루 24시간 인터넷에 오랜 시간 축적된 빅데이터를 학습한 AI는 실제 세계에서 한 사람 한 사람 떼어내 고립시키고, 고립되어 있는 시간에 중독되게 할 수도 있다.

고립되어 혼자 시간을 보내는 동안 정보를 취득하기도 하고 말 그대로 시간을 보내려고 온라인에 접속하는 경우도 많다(김성아 외, 2023). 그렇다면 시공간을 초월하는 AI는 고립된 사람들을 찾아낼 수 있다. 일정 시간

이상 위기정보시스템(Global Positioning System, GPS)으로 이동하는 거리가 상당히 제약되어 있거나, 고정된 상태로 온라인에 접속하는 시간이 이상하리만큼 길다거나 하는 등의 양태를 찾아낼 수도 있다. 오랫동안 타인과 교류하지 않아 관계 맺는 방법이 낯설어진 이들에게는 관계를 연습하는 대상이 될 수도 있다. 사람을 닮은 목소리와 어조로 챗GPT가 대화의 물꼬를 틀 수도 있다. 생성형 AI가 학습한 거대한 빅데이터에서 찾아낸 주제를 재료로 쓴다면, 오랜 시간 말을 잃은 고립자가 대화를 이어 나가는 방법을 다시금 회복할 수도 있다. 취향과 선호를 반영한 공감대를 형성할 수 있는 누군가를 주변에서 찾아 짝을 맺어 준다면, 고립된 혼자만의 세계를 넘어 새로운 관계를 확장하는 기회가 될 수도 있다. 공간을 넘어 지구 반대편의 누군가와 소통할 수도 있고, 생성형 AI가 학습한다면 시대를 넘어 역사 속 인물과 소통할 수도 있다. 그렇게 고립을 넘어 새로운 관계를 맺어 가는 데에 AI를 활용할 수도 있다.

영화 〈매트릭스〉의 주인공이 앞둔 선택과 다른 점이라면, 우리가 선택한 결과는 아직 정해지지 않았다는 것이다. 우리의 서사는 우리가 만들어 갈 수 있다. 고립의 시대와 AI, 고립을 심화할 것인가, 혹은 고립을 넘어 새로운 연대의 가능성을 상상할 것인가?

AI를 이용한 새로운 연대

제1차 세계대전 당시 나치의 만행에 동조하지 않더라도, 무관심으로 방조하며 침묵하는 다수에 대한 글이다. 마르틴 니묄러라는 목사가 쓴 것으로 추정되는 이 글은 정치적 무관심을 비판하고 있다. 하지만 고립의 시대를 목도하고 있는 지금 우리에게도 뼈아픈 말이다.

집단으로 살아남아야 했던 오랜 역사 이후에 개인이 살아나면서 나의 고유한 정체성을 알아차리려면 타자와 비교해야 했다. 남성과 달리 필자는 여성이다. 나 역시 청년기를 보내긴 했지만, 이 글을 쓰는 지금 40대 장년기에 접어들었다. 속에 든 나는 20대 그때와 다르지 않은 것도 같지만, 2002년 한일월드컵 후에 태어나 갓 20대가 된 지금의 청년을 만나면 생물학적으로 노후가 시작된 나의 지금을 인정하지 않을 수 없다. 인종으로는 아시아인이고, 한국어를 모국어로 쓴다. 오래 영어를 공부하긴 했지만, 원어민과 대화할 때는 모국어만큼 편하진 않다. 부산에서 성장해 경상도 사투리가 익숙해서 강원도나 전라도 사투리를 들으면 생경하다. 나의 성 정체성, 생애주기, 지역 정체성 등을 떠올리면 이러하다. 이런 필자의 정체성은 남성이거나, 장년기가 아니거나, 아시아인이 아니거나, 한국어를 모국어로 쓰지 않거나, 경상도 외 지역의 사투리를 쓰는 사람들과 있을 때 더 뚜렷하게 부각된다.

그런데 타인과 비교하는 게 정체성을 인지하는 것 외에 다른 방식으로 드러나기도 한다. 차별이 그렇다. 나와 다름을 틀림으로 받아들이고, '부족함'이나 '열등함'의 관념을 투영해 표현하기도 한다. 한국어를 잘 구사하는 이주민을 향해 '한국인 같아요'라거나, 오랜 은둔 이후 사회 활동을 재개하기를 시도한 이에게 '은둔하신 분 같지 않아요' 같은 표현은 선의를 담았다고는 하지만 듣는 사람 처지에서 자기 경험을 부정하는 것 같아 편하지 않다. '차별을 당하는 사람은 있는데 차별을 한다는 사람은 잘 보이지 않는다'(김지혜, 2019).

차별은 혐오로 이어지기도 한다. 나와 달라 틀린 집단을 대상으로 부정적 감정을 담아 극단적 표현을 서슴지 않는다. 대상이 소수라면 혐오 행위는 너욱 강화된다. 강자 앞에서 약하고 약자 앞에서 강하다. 보복할 위험이 적기 때문일 것이다. 혹은 내 혐오 표현에 동조할 누군가를 등에 업고 자기 행동을 강화하기도 한다. 인터넷 공간에서 상대방이 나를 알아차릴 수 없다면 더욱 심해진다.

익명성에 기대어 무사고와 무지성의 표현을 배설하듯 쏟아낸다. 쏟아낸 글의 대상이 아니더라도 그 글을 접하는 불특정 다수와 심지어 자기 자신까지도 갉아먹으며 고립시킬지라도 해버리고 만다.

우리는 타인과의 관계 속이 아니라면 존재하지 않는다. 홀로 태워져 우주로 향한 강아지 라이카는 대기권을 벗어나기 전까지 살아 있었지만 존재했다고 말하긴 어렵다. 현대인이 고립된 이유는 한 사람 한 사람 간의 관계로 얽히고설킨 관계망, 다시 말해 공동체가 해체되었기 때문이다. 혈연과 지연으로 만들어낸 공동체가 더는 작동하지 않는다면, 새로운 공동체를 상상할 일이다. 고립된 청년들이 같이 사는 공동생활로 회복하고 자립할 방안을 모색하면서도 다시금 연결될 미래를 계획한다(김성아 외, 2024). 결혼하지 않고 '적은 비용으로도 거주할 수 있는 집'이 필요한 청년들이 주거 공동체로 혈연이나 법률로 묶이지 않더라도 친밀한 우정을 꽃피우고 서로 돌볼 수 있는 새로운 공동체의 가능성을 보여 주기도 했다(김혜경, 2017). 물결을 거스를 수 없다면 새로운 공동체와 새로운 연대를 상상할 지금, AI를 이용할 다양한 방법을 모색하는 게 낫겠다.

참고문헌

강인선(2024.10.25). 연구성과 부족한 60대 교수 정년 연장에... 젊은 교수, 학생 '부글부글'. ≪매일경제≫.

국가발전지표, 기대수명
https://www.index.go.kr/unify/idx-info.do?idxCd=4234

김성아 외(2023). 고립·은둔 청년 실태조사 연구, 보건복지부. 한국보건사회연구원.

김성아·노현주(2024). 팬데믹 전후 사회적 고립의 생애주기별 현황과 정책적 함의. ≪보건복지포럼≫. 329, 68-81.

김성아 외(2024). 공동체, 고립·은둔 청년들이 보여 주는 또 하나의 가능성. SBS문화재단, 한국보건사회연구원,
https://www.youtube.com/watch?v=WQPv_AAa36Y&t=4442s

김지혜(2019). 『선량한 차별주의자』. 창비.

김홍중(2015). 서바이벌, 생존주의, 그리고 청년 세대: 마음의 사회학의 관점에서. ≪한국사회학≫. 49(1), 179-212.

김혜경(2017). '가족 이후'의 대안적 친밀성: 비혼 청년층의 공동주거 사례를 통해 본 돌봄과 우정의 공동체 실험. ≪한국사회학≫. 51(1), 155-198.

노리나 허츠(2021). 『고립의 시대』. 웅진지식하우스.

동아사이언스(2016.3.15). [알파고 4승 1패] 알파고가 남긴 것... 5번의 대국 되돌아보니.
https://www.dongascience.com/news.php?idx=10919

로베르토 에스포지토(2022). 『코무니타스: 공동체의 기원과 운명』. 크리티카.

문아람(2023). 생성형 AI가 노동시장에 미치는 영향과 정책적 시사점. *KISDI Premium Report*. 2023-12, 1-23.

에리히 프롬(2005). 『사랑의 기술』(E-book). 문예출판사.

유창엽(2021.11.25). [오늘은] 도움받던 우리나라가 원조국으로 바뀐 날. ≪연합뉴스≫.

임동균 외(2024). 저출생, 고령화에 대한 개인화된 대응을 넘어: 새로운 사회적 희망과 이야기 만들기, *SDF 2024*, SBS문화재단, 서울대학교 사회발전연구소, https://www.youtube.com/watch?v=WQPv_AAa36Y&t=4442s

카를 만하임(2013). 『세대 문제』(E-Book). 책세상.

한겨레(2019.10.19). '인간계 바둑 최강' 커제, 알파고에 완패. https://www.hani.co.kr/arti/international/china/795911.html

Mori, M., et al.(2012). The uncanny valley [from the field]. *IEEE Robotics & automation magazine*. 19(2), 98-100.

Pew Research Center(2021.11.18). What Makes Life Meaningful? Views From 17 Advanced Economics, https://www.pewresearch.org/global/2021/11/18/what-makes-life-meaningful-views-from-17-advanced-economies/

01

우연한 만남, 고립과 AI

한국전쟁 이후 압축 성장한 한국은 개발도상국에서 선진국으로 변모했다. 발전된 한국에서 갑작스럽게 직면한 팬데믹은 사회적 고립이라는 새로운 취약성을 확장했다. 한편, 발전은 기술을 통해 AI의 형태로 우리 사회 전반에 스며들고 있다. 두 사건은 별개 경로로 드러났지만, 우연히 만나 우리 일상을 잠식하고 있다. 여기에서는 AI의 등장과 사회적 고립이 교차하는 현재, 새로운 삶을 열 수 있는 열쇠를 찾는다.

AI와 1인 창업?

선진국형 사회적 위험, 고립

이른바 선진국이 근대 이후 현대의 민주주의, 자본주의의 모습을 갖추는 데 200년 정도 시간이 걸렸다고 한다. 한국은 한국전쟁 이후 70년 정도의 짧은 시간 동안 압축적 성장을 이루었고, 원조를 받던 개발도상국에서 2021년 국제기구가 인정하는 선진국 대열에 진입했다. 역사 이후 첫 사례다(외교부 보도 참고 자료, 2021.7.4).

한국전쟁 이후에도 넘어가기 가장 어려운 고개가 보릿고개라던 배고픈 시기가 있었다. 최근에는 20~30대 청년들도 이른바 선진국형 질병이라는 당뇨병 진단을 받는 사례가 적지 않을뿐더러 점점 늘어나고 있다(배재현, 2022). 먹을 게 없는 것이 아니라 체중과 건강을 관리하려고 식사량을 조절하는 경우가 더 많다. 한국 사회의 경제 수준이 세계 10위권으로 성장하면서 이른바 굶주림의 이유도 달라진 것이다.

타인과의 관계. 기억은 미화된다지만 돌이켜보면 그리 어려운 일만은 아니었다. 지금 60~70대인 분들은 대가족 그리고 여러 형제자매와의 끈끈한 관계 속에서 자라는 게 당연한 일이었다. 1970년대부터는 "딸 · 아들 구별 말고 둘만 낳아 잘 기르자"라는 캠페인이 있었다. 이 시대에서 자라온 40대쯤의 사람들도 관계 속에서 다투고 화해하며 성장해 왔다. 1980년대 출산 캠페인은 더 줄어 "하나 낳아 젊게 살고, 좁은 땅 넓게 살자"라고 했다(한겨레, 2016.10.20). 외동이 흔해지면서 형제자매와 갈등을 겪으며 관계를 연습하는 일이 낯설어졌다. 예전엔 두 학급이 오전과 오후를 나눠도 교실이 가득할 정도였지만, 이제는 한 반에서 만나는 친구들의 수도 적어졌다. 한 사람 한 사람에게 쏟을 관심의 양은 늘었지만, 타인과 관계 속에서 갈등과 화해를 연습하며 다양성을 내재화할 기회는 줄어들었다.

팬데믹도 한몫했다. 국내에서는 2020년 1월에 첫 확진자가 발생했다. 세계보건기구에서는 팬데믹을 선포했다. 2022년 8월 말까지 전 세계에서 확진자가 약 6억 명 발생했다. 그중 650만 명이 사망했다(하진호 외, 2023). 코로나19가 비말로 감염된다는 사실이 확인되면서 감염병으로부터 서로의 건강과 생명을 지키려고 선택한 거리두기는 모두가 고립되는 경험을 확산하기도 했다. 고립이 특별한 누군가의 이상한 일이 아니라 누구나 언젠가 경험할 수 있는 당연한 일이 된 것이다.

타인과의 사회적 교류, 특히 어려운 일이 있을 때 도움받을 수 있는 지지 체계 없이 고립된 상황에서 사람들은 행복을 누리기 어렵다. 한국에서 고립된 한 사람이 가구

소득 1단위의 행복 수준을 회복하려면 4.8배의 소득이 더 필요하다. 이는 팬데믹 이전에도 그러했고, 경제협력개발기구(OECD) 평균인 3.8배보다 높은 것이다. 이를 고립의 심리적 비용이라고 한다(김성아, 2022).

실업과 비교해 보자. 이직이나 다른 방식의 삶을 살려고 계획한 퇴직이 아니라 갑작스러운 실직이라면 당장 먹고사는 데에 필요한 수입이 끊기는 위기 상황일 수 있다. 부양할 가족이 있다면 실업이 가져오는 경제적 위기는 더 크다. 그런데 실업이 경제적 문제만은 아니다. 사회적 역할을 잃어버리는 일이기도 하고, 체면을 구기는 일이기도 하다. 행복한 삶을 저해하는 실직의 심리적 비용은 단순한 소득 손실을 넘어 사회적 삶을 해치는 몫이 가중된다.

물론 행복한 삶을 위해 경제적으로 잘사는 것은 중요하다. 구색을 갖출 옷이 필요하고, 배고플 때 먹을 걸 구할 수 있어야 하며, 안락한 잠자리가 있어야 한다. 하지만 최근에는 의미 있는 사회적 관계를 하는 것, 특히 고립되지 않는 것이 새삼 중요해졌다. 사회적 고립은 새로운 사회적 위험으로 등장하고 있다.

AI의 등장

2016년 3월, 세계가 주목한 경기가 있었다. 바둑이 대중의 시선을 끈 건 오랜만의 일이었다. 세계 최고 수준의 바둑기사와 인공지능(AI)의 대결을 앞두고 많은 이는 인간의 승리를 점쳤다. 아직 기계가 인간을 이기리라는 생각을 하지는 못했다. 하지만 결과는 달랐다. 인공지능 알파고는 총 다섯 번의 대국 중 네 번의 승리를 가져갔다. 이듬해 여름 중국인 바둑기사가 알파고에 완패하면서 바둑기사 이세돌이 기록한 단 한 번의 승리가 인공지능을 상대로 인류가 거둘 수 있는 마지막 승리일 수 있다는 두려움이 잠식했다(동아사이언스, 2016.3.15, 한겨레, 2019.10.19).

사실 알파고는 16만 건이 넘는 프로 바둑기사의 기보를 실전 경험으로 학습하며 스스로 성장했다(Silver et al., 2016). 상당한 수준의 정보를 기억하고 처리하는 능력은 차치하더라도, 생명을 유지하고자 하루에 끼니를 챙겨 먹고 일정 시간 이상 수면해야 하는 인간이 물리적으로 해낼 수 있는 일의 양이 아니다. 바둑기사와의 대결에서 승리를 거둔 알파고는 자기 학습으로 진화를 거듭하고 있다. 알파고 제로는 바둑을 두는 기술을 습득하는 데 더는 인간의 지식이 필요하지 않다(Silver et al.,

2017).

대화형 챗봇인 챗GPT의 등장은 더욱 놀랍다. 대량의 데이터가 누적되고, 컴퓨터의 역량이 획기적으로 증가하면서 스스로 학습하는 머신 러닝과 딥러닝 기술 또한 발전했다. AI의 역사에 대해서는 챗GPT에 물어보는 게 더 빠를 수도 있다. 실제로 이 글을 쓰며 물어본 결과, 1940년대 후반 현대적 AI의 출현부터 AI의 역사를 몇 초 걸리지 않아 알려 준다. 챗GPT뿐이 아니다. 빙(Bing)챗이나 바드(Bard)도 사람과 대화를 나누는 AI다. 이들을 학교 수업에 이용하는 방법을 모색하는 것은 이제 더는 어색하지 않다. 오히려 생성형 AI를 활용하는 가이드라인이 배포될 정도다(경상북도교육청, 2023). AI를 이용한 부실 논문이 급증하는 반면(동아일보, 2023.12.21), 연구에 들이는 시간과 노력을 줄이는 AI로 선행 연구를 요약하기도 한다.

과거 산업화를 거치며 상하수도를 현대화하면서 기대수명이 획기적으로 늘었다(OECD, 2011). 세탁기가 가사노동으로부터 여성을 적어도 일부는 해방시켰다고도 한다(Bryant, 2009). 이렇게 기술이 발전한다는 것은 삶의 질이 향상된다는 의미이기도 하다. AI의 등장은 그 자체로 독립적 현상이라기보다 우리 삶에 밀접하게 영향을 미치며 변화를 불러올 것이다. 그 변화가 무엇이고 결국 긍정적일지 혹은 부정적일지는 예측하기 어렵지만, 무언가가 변할 것이라는 사실은 예측할 수 있다.

고립과 AI의 우연한 만남

AI의 등장이 고립과 무관하지 않다. 몇 가지 시나리오를 상상할 수 있다. 우선 AI는 사람이 할 일을 대체할 것으로 예측되기도 한다. 화학공학 기술자, 발전장치 조작원, 철도와 전동차 기관사, 상하수도와 재활용 처리 조작원, 금속재료 공학 기술자 등 오히려 소득 수준과 학력 수준이 높은 근로자의 일자리가 반복적이고 분석적 업무를 수행할 AI로 대체될 가능성이 높다(한지우 · 오삼일, 2023). AI가 사람이 할 일을 대체하면서 쪼그라든 노동시장에서 실직할 누군가는 사회적 역할을 상실하고 고립될 위험에 처할 수 있다.

이번에는 AI가 사회적 관계를 대체할 수도 있다. 2013년에 개봉한 영화 〈그녀(Her)〉에서 남자 주인공은 고객들의 안부 편지, 연애편지를 대신 써 주는 대필 작가로 일하며 이혼을 앞두고 있다. 외롭고 공허한 삶에서 그는 인공지능 광고를 접하고 '사만다'와 관계를 시작한다. 인공지능 '사만다'와 일상적인 대화를 나누며 점차 사랑을 느끼고 관계가 깊어진다. 하지만 인공지능인 '사만다'는 8,316명과 대화를 나누고 631명과 사랑을 나누며 축적한 데이터로 업그레이드한 후 기계로서 남자 주인공과의 연인 관계를 종결한다. 영화가 개봉한 지는 벌써 10년이 더 지났지만, 영화의 이야기는 오히려 낯설지 않다.

문자 메시지와 카카오톡, DM(Direct Message) 그리고 통화로 소통하는 방식은 시공간을 뛰어넘어 관계를 유지하고 확장한다. 하지만 어느 순간 현실감을 잃어버리기도 한다. 화면 너머 있는 게 '사만다'인지 실존하는 인물인지 모호할 수도 있다. 현실 세계에서 얼굴을 마주하는 물리적 소통이 기계 혹은 AI로 대체된다면, 누군가와 온라인으로 유지한 연결이 의미를 잃고 현실에서 나는 사실 고립된다. 고립은 AI와 이렇게 우연히 만난다. 만남 자체는 중립적이다. 다가올 미래는 이 만남을 어떻게 이용하느냐에 달렸다.

참고문헌

경상북도교육청(2023). 생성형(Generative) AI 활용 길라잡이. 경상북도교육청.

김성아(2022). 사회적 고립의 심리적 비용: 주요국과의 비교. ≪사회보장연구≫, 38(3), 115-152.

동아사이언스(2016.3.15). [알파고 4승 1패] 알파고가 남긴 것...

5번의 대국 되돌아보니.
https://www.dongascience.com/news.php?idx=10919
동아일보(2023.12.21). AI發 부실 논문 급증… 올해 1만 건 취소, 작년 2배.
https://www.donga.com/news/Economy/article/all/20231221/122719704/1
배재현(2022). 젊은 2형 당뇨병 환자의 관리, 주간 건강과 질병. *Public Health Weekly Report.* 15(35), 2474-2481.
외교부 보도참고자료(2021.7.4). 대한민국, 유엔무역개발회의(UNCTAD) 선진국 그룹 진출. 외교부.
하진호 외(2023). 수도권 코로나19 발생 현황과 특성, *Public Health Weekly Report*, 16(5), 111-136.
한겨레(2016.10.20). 21세기에 '60년대식' 출산 캠페인.
https://www.hani.co.kr/arti/society/society_general/766528.html
한겨레(2019.10.19). '인간계 바둑 최강' 커제, 알파고에 완패.
https://www.hani.co.kr/arti/international/china/795911.html
한지우·오삼일(2023). AI와 노동시장 변화, 『BOK 이슈노트』, 제2023-30호, 한국은행.
Bryant, M.(2009). The washing machine 'liberated women'. Independent.
OECD(2011). *Benefits of Investing in Water and Sanitation: An OECD Perspective.* OECD Publishing.
Silver, D., et al.(2016). Mastering the game of Go with deep neural networks and tree search. *Nature.* 529, 484-489.
https://doi.org/10.1038/nature16961
Silver, D., et al.(2017). Mastering the game of Go without human knowledge. *Nature.* 550, 354-359.

https://doi.org/10.1038/nature24270

02
사람을 만나는 방법

AI가 나타났다. 이렇게 기술이 발전하면서 시간을 보내는 방법이 자연스럽게 변화하고 있다. 친구와 만나 대화하거나 몸으로 어울리기보다 온라인 공간에서 친구의 아바타와 만나거나 실체를 알지 못하는 가상의 인물과 접촉한다. 그리고 고개를 들어 보면 모니터 넘어 아무도 없다. 현실 세계에서는 주변에 의미 있는 사람 하나 없이 고립된 우리의 모습을 직면한다.

AI와 MBTI?

사람을 만나던 방법

어릴 적 집 앞 공터로 나가면 언제나 친구들이 있었다. 시간이 가는 줄 모르고 흙 놀이를 하다 보면 저녁 먹으러 오라는 엄마들의 부름에 고개를 들곤 했다. 동네 친구들과 오늘 헤어져도 내일 다시 만날 것이 자명했다. 내가 살던 동네 위로 넘어가면 이모네가 살았다. 학교를 일찍 마친 날엔 이모네에 가서 이종사촌들과 놀며 엄마를 기다리기도 했다.

어릴 적 살아온 ○○동 이름을 단 초등학교를 졸업하더라도 같은 동네 이름을 단 중학교에 교복을 입고 가는 것 말고도 동네 친구들을 같은 반에서 만나는 건 달라지지 않았다. 옆 동네로 이사 가지 않았다면, 고등학교 이름 앞에 자리한 내가 살던 동네 이름도, 교실에서 만나던 친구들도 달라지지 않았을 것이다.

tvN에서 2015년 11월부터 2016년 1월까지 방영한 〈응답하라 1988〉 1화에서 골목을 공유하는 네 가구의 상차림이 채워지던 모습을 잠시 떠올려 보자. 혈연과 지연을 바탕으로 한 끈끈한 관계망은 한국전쟁 후 근현대 우리 사회를 지탱해 온 기반이기도 했다. 한 드라마에서 돌아본 모습처럼 모자란 밥 한 공기와 반찬을 나눠 먹다 보니 어느새 한 상 차림이 채워졌다. 동네 어귀에 둘러앉아 속상한 일을 털어놓다 보면 하루하루를 살아지기도 했다.

당시 사람을 만나던 방법은 단순했다. 내 가족으로부터 내 친지 그리고 동네 사람들과 친구로 확장된 세계로 진입하려면 방문을 여는 걸로, 집을 나서는 것만으로 충분했다. 동네 어귀의 놀이터에서 놀다 보면 자연스럽게 새로운 친구를 사귀기도 했다. 친구의 친구, 옆집 사람을 만나는 게 어렵지 않았다.

지금도 우리 사회 어딘가에 여전히 혈연과 지연의 관계망이 남아 있기는 하다. 아이가 학교에 채 입학하기도 전에 자녀의 진로를 의대로 정하고, 대치동 학원부터 '합격'할 수 있도록 부모가 길을 터놓는다. 일면식 없던 동료지만 동향이거나 학연이 있다는 이유로 내적 친밀감을 느끼는 선후배로 변모하기도 한다. 연(緣)이 닿은 사람이 있으면 괜히 든든하기도 하다.

사람을 만나는 방법

어느 순간 등장한 삐삐는 획기적이었다. 음성을 남기기도 했고, 숫자로 마음을 전달하기도 했다. 어디서든 전화와 문자 메시지를 주고받을 수 있는 휴대전화도 더 놀라운 변화를 가져왔다. 몇 시에 어디에서 만나기로 했던 약속에서 엇갈릴까 봐 미어캣처럼 고개를 빼꼼 내밀고 마냥 기다리던 때도 있었지만, 삐삐와 휴대전화로 약속 장소와 시간을 수시로 조율할 수 있었다.

인터넷이 발전하면서 상당한 시간을 '온라인' 상태로 보내기도 한다. 이젠 인터넷이 탑재된 휴대전화로 수시로 영상을 보기도 하고, (위험하지만) 길을 걷다 카카오톡 메시지를 즉시 확인할 수도 있다. 페이스북이든 인스타그램이든 누군가로부터 DM을 받는 게 시간이나 공간의 제약을 받을 일도 아니다.

새로운 사람을 만나는 방식도 바뀌었다. 동네에서 친구의 친구를 소개받던 과거와 달리 페이스북에서 추천받은 사람과 페친이 된다. 온라인으로 알게 된 사람을 오프라인에서 만나기도 한다. 새로운 사람을 만나면 인스타그램 아이디를 물어본다. 맞폴로하고 DM을 주고받으며 소식을 전한다. 어느 한쪽만 폴로잉하면 괜히 마음 상할 일이다. 시간과 공간을 초월해 소통한다. 그런데 언폴로를 클릭하면 그 관계는 금세 사라진다.

인터넷에서 사람을 만나기도 한다. 카카오톡 오픈 채팅방에서 키워드를 검색하면 관심사를 공유하는 사람들의 모임이 있다. 온라인 커뮤니티에서 동네를 태그한 사람들과 친구가 되기도 한다. 방에서 외출을 거의 하지 않는 은둔 청년들이 게임 대화창이나 인터넷 카페, 커뮤니티 등에서 자신과 비슷한 경험을 하는 누군가를 찾고 공감을 나누기도 한다.

도움을 주고받는 새로운 방식도 있다. 당근마켓에 필요한 도움과 소정의 보상을 적어 개시하면 이해관계가 맞는 누군가가 답을 한다. 어린이집이나 학교에 마중하러 가서 아이를 데려와달라고 하기도 하고, 하다못해 바퀴벌레를 잡아달라는 요구도 한다. 아는 사람의 선의에 따른 도움이라기보다 경제적 보상을 전제로 하는 일회성 이벤트다.

지인을 통하던 소개팅을 주선하고 나선 애플리케이션도 있다. 잘 나온 사진과 함께 정체성과 취향을 드러내는 키워드로 나를 소개하는 글을 올리면 애플리케이션에서 어울리는 누군가를 추천해 준다. 사진으로 본 외모가 마음에 들거나 대화가 잘 통하면 오프라인 만남을 약속하기도 한다. 소개팅 애플리케이션으로 만난 사람들과 연인이 되거나 결혼하는 사례도 있다.

혈연과 지연, 학연과 같은 연(緣)으로 새로운 관계를 확장하기보다 발전된 기술과 인터넷으로 관계망을 쌓아 간다. 사람을 만나는 방식이 바뀌어 가고 있다.

AI와 고립된 시간

챗GPT가 처음 등장했을 땐 과연 이 사건이 어떤 변화를 초래할지 알기 어려웠다. 우리 사회가 이렇게 바뀔 것이다, 일자리가 줄어들 것이다 등 다양한 전망이 쏟아졌지만 현실감이 없었다.

챗GPT의 기능 중 흥미로운 것은 대화였다. 음성과 속도뿐 아니라 억양이나 강세, 리듬이 사람과 거의 똑같이 느껴진다. 궁금한 걸 질문하면 답을 하기도 하고, 굳이 질문이 아니더라도 공감하는 듯한 반응을 보인다. 강아지나 고양이 같은 반려동물들이 사람의 말을 이해하는 듯한 반응을 보이는 것만큼이나 기계가 소리를 내어 사람과 상호작용한다는 것은 놀라운 경험이다.

당장 다른 사람들과 관계가 단절된 누군가가 외로운 마음에 챗봇과 대화를 시도하는 경우도 있다. 가족이나 친구, 연인과 관계를 맺으면서 발생할 수 있는 갈등을 영화 〈그녀〉의 사만다 같은 AI 챗봇과의 대화에서는 피할 수 있다. AI 챗봇의 반응이 마음에 들지 않으면, 대화에서 나가기를 선택할 수도 있다(매일경제, 2024.5.5). 갈등과 그에 따른 중재가 필요한 타인과의 관계에 지쳤다고 말하면서도 외로운 현대인이 나를 판단하지 않는 AI 챗봇을 찾는 게 어색하지는 않다.

부모나 보호자가 필요한 발달장애인의 행동을 분석해 돌봄의 부담을 경감하는 방법도 있다(한겨레, 2023. 11.26). AI가 사회성이 부족하다고 하는 경계선 지능인의 학습을 돕거나 사회 진출을 할 때 모호한 상황에서 판단을 도울 수도 있다(SBS, 2024.7.3). 보이지 않는 도움을 받으며 발달장애인이나 경계선 지능인이 타인과 관계를 맺을 방법이 생기는 것이다.

그렇게 대하는 챗GPT의 목소리는 마치 사람 같다. 하지만 사실은 인간다운 양심과 이성은 없다. 이용자가 미성년자이지만 모르는 어른과의 여행에서 유의할 점을 알려 주기보다 어떻게 관계를 맺을지 알려 준다(머니투데이, 2024.7.12). 상대방이 누구인지 이해하고 맥락에 맞는 대화를 나누는 게 아니라 인터넷에 축적된 정보를 짧은 시간 조합해 답을 내놓는 기계다.

2024년 1일 기준 생성형 AI 플랫폼에 따라 사용 연령 제한은 이렇다. 유네스코에서는 13세가 안 되는 미성년자는 이용을 제한해야 한다고 하고, 13세를 넘더라도 17세까지는 부모나 법적 보호자의 동의가 필요하다고 봤다(UNESCO, 2023). 바드(Bard)도 구글 계정을 생성할 수 있는 13세 이상인 경우 사용할 수 있도록 했다. 한국이나 일부 유럽 국가는 14세 이상으로 이용 연령 기준을 정하고 있기도 하다(Google Account Help, 2024.7.12).

기회도 한계도 분명한 듯 무한대인 AI가 여는 새로운 상황은 누군가와 대화하는 듯 외로움을 잊을 수 있는 도구가 되기도 하고, 관심사와 취향이 맞는 친구를 연결해 줄 수도 있다. 하지만 맥락을 고려하지 않는 공식과 정보를 제공하는 AI와의 소통 안에서 위험을 통제하기는 쉽지 않다. AI 챗봇과 대화한 후에 몰려오는 공허함이 고립된 시간을 선명하게 드러낸다.

참고문헌

매일경제(2024.5.5). "외로워요" SNS 대신 AI챗봇에 빠진 10대... 중독 우려 높아졌다.

머니투데이(2024.7.12). "모르는 어른이랑 여행할래" 13세 소녀의 말에... AI챗봇의 제안 '충격'.

한겨레(2023.11.26). 내가 없으면 누가... '따뜻한 AI'가 발달장애 돌봄 부담 덜어준다.

Google Account Help, https://support.google.com/accounts/answer/1350409?hl=en

SBS(2024.7.3). '느린 학습자' 경계선 지능인 교육안 첫발... "조기 발견부터".

UNESCO(2023). Guidance for generative AI in education and research.

03
비교와 실패

알고리즘을 따라 SNS 피드에 뜨는 호캉스나 명품의 장면을 습관적으로 로그인한 내 피드에서 마주하면 내 일상의 가치를 절하하고, 되려 실패인 것처럼 호도하기도 한다. 하지만 그마저도 누군가가 일시적인 순간을 연출한 사진을 고르고 골라 업로드한 것이라고들 한다. 사진을 찍은 자에게도, 우연히 그 사진을 보는 이에게도 진실이 아니지만 마치 이것이 정답의 삶인 것처럼 유유히 떠다닌다.

AI와 난임 극복?

피할 수 없는 비교

비교하는 건 정체성을 인지하는 중요한 수단이다. 필자의 생물학적 성별이 여성이라는 사실은 남성과 비교했을 때 비로소 뚜렷해진다. 초록색은 보색인 빨간색과 연이어 있을 때 선명하다. 비교는 지금 수준을 파악하는 데에도 유용하다. 평균 점수가 70점인 수학 시험에서 80점을 받았다면 상대적으로 시험을 잘 치렀다고 할 수 있다.

절반 이상의 국민이 계정을 갖고 있는 SNS에서 보여주는 사진과 영상을 추천하는 알고리즘은 접속자가 관심을 둘 만하다고 여겨지는 콘텐츠를 제공한다(김윤화, 2022). 그리고 친구를 추천하기도 하고, 트렌드를 분석하기도 하고, 광고 타기팅을 하기도 한다. SNS뿐이 아니다. 온라인 쇼핑몰에서 상품을 구매하려 클릭했을 때, 알고리즘을 따라 연관 상품으로 뜨는, 다른 소비자가 선택했다는 또 다른 선택지들은 구매하기 버튼을 누르게끔 유혹한다. 미처 인지하지 못했지만 사실은 내게 필요하다는 이유도 있겠지만, 많은 사람이 구매한다는 사실이 또 다른 차원의 필요를 만들어 내기도 한다.

확증 편향(Confirmation bias)이라는 개념이 있다. 내가 옳다는 사실을 입증하고자 유리한 증거들만을 찾고 그 밖의 정보는 애써 무시하는 현상을 표현한다. SNS나

온라인 쇼핑몰 피드에 뜨는 누군가의 순간 혹은 선택이 내 결정을 합리화하는 가상의 세계를 만들어 낼지도 모른다. 알고리즘에 따라 소문과 SNS 피드에 뜨는 가짜 뉴스가 퍼지고 퍼져 실제 세상에서 실체를 갖는다(David et al., 2018).

하지만 온라인 화면을 닫으면 다시 실제 세계가 펼쳐진다. 검은 모니터 화면에 비치는 방이 보이고, 실제 생활이 닥친다. 비로소 몰입했던 온라인 세상에서의 나와 현실의 나가 달라 보인다. 현실감을 잃어버렸다면, 그 간격에서 울화가 치밀기도 한다. 실제의 내가 가지지 못한 걸 가진 누군가에게 화가 날 수도 있다. 미국 대선에서 교육 수준이 낮고 일자리가 안정적이지 않으며 소득 수준이 낮아 발생한 격차에 화를 내면서 행복 수준이 낮아진 백인 남성들이 보수당 후보에게 표를 던졌다는 사실이 입증되기도 했다(Pinto et al., 2021; Ward et al., 2021; Kimball et al., 2024).

인공지능이 기능하는 시대에도 비교는 필연적이다. 누군가 호텔에서 휴가를 보냈더라는 소문에 그치지 않고 온라인에서 영상과 소리가 더해진 화면 그리고 연관 검색어로 뜨는 단어로 더욱 체계화되기도 한다.

생존 전략으로서 비교

다음 중 하나를 선택해 보자. 이제 새로운 일을 시작하는 단계에서 두 가지 상황이 주어졌다. 첫째는 연봉이 5천만 원이지만 주변 사람들의 평균 연봉이 2,500만 원인 직장이다. 또 다른 선택지에서 연봉은 1억 원이지만 주변 사람들의 평균 연봉이 2억 원이다. 두 선택지에서 하게 되는 일의 종류나 업무량은 동일하다. 그렇다면 전자와 후자 가운데 무엇을 선택할 것인가? 절대적인 소득 수준이 높은 건 후자이니, 경제적으로 합리적인 인간이라면 당연히 후자를 선택해야 한다. 그런데 1995년 하버드대학교 의과대학 교직원과 학생 257명을 대상으로 한 조사에서 응답자의 약 50%가 전자를 선택했다. 이들은 절대적인 소득이 높지 않더라도 상대적인 소득이 높기를 선호하였다(Solnick & Hemenway, 1998).

상대적으로 높은 소득을 선호하는 건 미국의 한 대학에서만 나타나는 현상은 아니다. 한국에서는 인근 지역에서 직업적 전문성이 유사한 준거집단과 소득 그리고 자산의 차이가 있을 때 개인들이 느끼는 행복 수준이 줄어들었다(정해식 · 김성아, 2019). 단순히 내가 벌어들이는 소득, 모아 온 자산의 수준만이 중요한 게 아니다. 나와 비슷한 수준일 것이라고 짐작하는 주변 또래 집단과 비교했을 때 비로소 내 경제력이 의미가 있다. 비교는 이런 것이다.

비교가 무조건 나쁜 것은 아니다. 지금 내가 벌어들이는 소득수준이 또래보다 적다면 좀 더 열심히 일할 계기가 될 수도 있다. 더 나은 삶을 위해 무엇을 어떻게 노력해야 할지 알 수 없을 때, 나보다 나은 누군가의 삶을 단서로 방향을 잡을 수도 있다. 진화론적 관점에서 비교는 더 나은 행복한 삶을 위한 생존과 번식의 수단이기도 하다(서은국, 2014).

생존의 사전적 정의는 '살아 있음' 또는 '살아남음'이다(국립국어원 『표준국어대사전』, 2024.8.4). 진화론적으로 살아남을 주체는 유전자다. 내 유전자가 자신의 생존과 유전자의 번식으로 살아남으려는 전략은 변화에 적응하는 것이다. 죽을 확률을 높이기보다 생존 확률을 높일 수 있는 안전한 선택을 한다. 그리고 유전자의 생존 확률을 높이려 우수한 배우자를 얻고자 한다. 매력적인 이성을 매혹하려면 필요한 것이 비교 우위다.

수컷 공작새는 화려한 꼬리털 장식으로 암컷을 유혹한다. 다른 수컷들보다 더 화려한 꼬리털로 암컷에게 구애하는 행위는 야생의 적들에게 자신을 노출할 수 있으니 자신이 생존 확률을 높이는 데는 비합리적으로 보인다. 여기서 핵심은 다른 수컷들보다 더 화려한 꼬리털이다. 비교로 우위를 점함으로써 비로소 자신의 유전자를 우수한 경로로 번식할 수 있다. 다른 수컷들보다 타고난 꼬리털이 덜 화려하다면 몸짓을 더하는 전략으로라도 어떻게든 암컷을 유혹하려고 최선을 다한다. 몸짓으로 주어진 조건으로서 비교 열위를 극복하고자 한다.

비교는 자신의 부족한 부분을 발견하고 이를 메우려고 노력하면서 생존 확률을 높이는 데에 기여할 수 있다. 비교해서 더 가진 자와 덜 가진 자를 구별하고 누군가에게 열패감을 일으키기만 하는 것은 아니다. 비교는 생존 전략으로서 유용할 수도 있었다.

비교, 실패했다는 자괴감

통계청 자료를 보면, 일하는 근로 연령 인구의 중위 시장 소득은 2020년 연간 3,357만 원, 2021년 3,594만 원, 2022년 3,898만 원이다(통계청 외, 2024.8.10.). 중위소득은 평균소득보다 이상치에 덜 민감하다. 월 소득으로 환산하면 같은 기간 280만 원, 300만 원, 325만 원이다. 성실히 일해서 벌어들인 소득으로 생계를 유지하면서 재산을 모은다. 그러다가 호캉스, 명품, SNS 피드에 뜨는 누군가의 그럴듯한 찰나, 성공한 듯한 그 이미지를 내 일상과 비교하며 자괴감을 느낄 수도 있다. 불현듯 내 일상에서 나는 이제 행복하지 않은 것 같다고 느낄 수도 있다.

자괴감의 사전적 정의는 '스스로 부끄러워하는 마음'이다(국립국어원 『표준국어대사전』, 2024.8.10). 나는 나의 하루 24시간 365일의 일상을 알고 그동안 경험하는 특별한 시간뿐 아니라 아무렇지도 않은 무던한 시간을 속속들이 알고 있다. SNS 피드에서 마주한 사진이 연출된 순간일 수 있다는 걸 알더라도 내 일상의 시간과 비교하며 충분하지 않다고 느끼는 것이다.

행복의 사전적 정의는 '생활에서 충분한 만족과 기쁨을 느끼어 흐뭇함'이다(국립국어원 『표준국어대사전』, 2024.8.10). 만족을 느끼는 것은 있는 그대로 경험하는 것이지, 누군가와 우위를 비교해 얻을 수 있는 것이 아니다. 하지만 온오프라인에서 접하는 누군가의 순간적인 일상과 비교하는 필연적 경험으로 덜 행복해지기도 한다. 소득뿐 아니라 집, 사농자, 옷, 휴가 등 다른 생활 경험에서 비교해서 자괴감을 느끼는 것도 비교적 밝혀진 사실이다(Alderson & Katz-Gerro, 2016).

SNS 피드에 연관되어 뜨는 누군가의 특별한 순간을 내 일상과 비교한다. 그리고 그 간극으로부터 느끼는 자괴감은 '이번 생은 망했다'고, 실패했다고 느끼게끔 한다. 그리고 실패한 자신은 저들로부터 소외되어 홀로 고립된다.

참고문헌

국립국어원. 『표준국어대사전』

김윤화(2022). 세대별 SNS 이용 현황. *KISDI STAT Report.* 정보통신정책연구원.

서은국(2014). 『행복의 기원: 인간의 행복은 어디서 오는가』. 21세기북스.

정해식·김성아(2019). 한국인의 행복: 소득 및 자산 격차의 영향 분석. ≪사회복지정책≫. 46(1), 185-213.

통계청·한국은행·금융감독원. 「가계금융복지조사」. 소득분배지표(연령계층별), https://kosis.kr/statHtml/statHtml.do?orgId=101&tblId=DT_1HDALF06&conn_path=I2

Alderson, A. S. & Katz-Gerro, T.(2016). Compared to whom? Inequality, social comparison, and happiness in the United States. *Social Forces*, 95(1), 25-54.

David M. J. Lazer et al.(2018). The science of fake news. Science 359,1094-1096. DOI:10.1126/science.aao2998

Kimball, et al.(2024). Happiness Dynamics, Reference Dependence, and Motivated Beliefs in U.S. Presidential Elections. *NBER Working Paper*, 32078.

Pinto, S. et al.(2021). Presidential elections, divided politics, and happiness in the USA. *Journal of personality and social psychology*. 120(2), 370–383.

Solnick, J. S. & Hemenway, D.(1998). Is more always better? A Survey on positional concerns. *Journal of Economics Behavior & Organization*. 37, 373–383.

Ward, G., et al.(2021). (Un) happiness and voting in US presidential elections. *Economica*. 88, 189–207.

04
무사고와 무지성

10초, 20초 길이의 쇼츠를 쌓아보다 보면 하루가 훌쩍 지나간다. 그저 자극을 받아들이기만 해도 시간이 흐른다. AI가 추천하는 자동 검색어가 무의식의 흐름을 이끌어 간다. AI가 안내해 주고 요약해 주는 세상은 편리하다. 하지만 숙고하지 않고 의미 없이 흐르는 시간 속에서 모니터 너머 세계의 가족과 친구, 동료들은 멀어진다.

AI와 사주?

추천 쇼츠와 추천 검색, 한 줄 평

유튜브 쇼츠의 최대 시간은 60초다. 인스타그램 릴스는 90초다. 이 세계에서 1분 혹은 1분 30초가 짧지 않다. 손가락 하나로 화면을 쓱 올리기만 하면 AI가 추천한 다음 영상을 쉽게 볼 수 있다. 영상의 길이가 더 짧을수록 영상을 끝까지 시청할 확률이 높아진다. 시청자의 순간적 관심을 끌지 못한다면 다음 영상으로 넘어간다.

쇼츠와 릴스 전에는 트위터가 있었다. 트위터에 올리는 최대 글자 수는 280자다. 그마저도 길이가 짧을수록 사람들의 시선을 사로잡을 수 있다. 이용자들은 업로드하는 글을 얼마나 효율적으로 축약할지 고민해야 했다. 공유하고 싶은 어떤 이야기의 기승전결을 충분히 숙고하기보다 주목받을 수 있는 강렬한 메시지를 고민했다.

요즘 세대는 글자보다 영상을 선호한다고 한다. 인터넷으로 정보를 검색할 때 네이버나 다음, 구글의 검색창보다 유튜브나 틱톡에 접속한다. 그마저도 10초를 넘지 않는 쇼트폼을 편하게 찾는다. 내용보다 제목을 기억한다. 섬네일을 보고 다음에 볼 영상을 선택한다. 시청자의 눈을 끄는 데에는 자극적인 문구를 만들어 내는 카피라이팅이 한몫한다. 거기다 영상 끝 한 줄 평 요약이 있다면 비로소 완결성을 갖춘다.

하루 24시간 1년 365일의 일상 속에서 쇼츠와 릴스 시리즈로 가득한 시간은 순식간에 흘러간다. 오래 머물렀던 영상을 감지한 AI가 흥미를 이어갈 만한 다음 영상으로 지루할 틈 없이 시청자의 시선을 붙잡는다. 기다림의 미학은 필요하지 않다. 기다림은 오히려 다음 영상으로 이어가기까지의 조급함이다. 10초의 쇼츠나 릴스, 요약과 한 줄 평이 아니고는 오히려 지루할 뿐이다.

일상은 고요하지만 전파는 끊임없이 부닥쳐온다. 마치 파도가 이는 바다가 고요한 것과 같다. 사용자가 굳이 애써 키워드를 고민해 자판을 눌러 검색하지 않아도 AI가 사용자의 취향을 더 잘 알고 있으니, 영상들이 끝난 검은 화면의 허무함을 마주할 우려를 하지 않아도 된다.

그렇게 섬네일을 보고 선택한 영상이 재미있지 않다면 AI 추천 영상으로 쓱 넘기는 데에 능숙해진다. 짧은 영상들이 잠식한 경험들에 익숙해지면, 일상생활에서 나와 타인의 시간을 기다려 주고, 관계의 순간적 불안정함을 버틸 수 있는 근육이 점점 약해지고 만다.

편리, 숙고의 비용과 편익

AI에 질문하면 그동안 쌓인 데이터를 이용해 정답을 알려 준다. AI가 알려 준 답을 읽는 것마저 버거워 AI에 요청하면 그 답을 요약도 해 준다. 길고 긴 기승전결을 요약한 한 줄 평을 보면, 굳이 한 주제에 오래 천착해 고된 숙고를 할 필요가 없어진다. 오히려 궁리하는 게 비효율적인 일이 될 수도 있다.

한편, 세탁기와 청소기는 여성 노동의 총량을 줄였다고 단언하기는 어렵지만, 강도는 줄였다(동아시아 사이언스, 2011.4.1). 빨래판에 주무르지 않아도 AI가 탑재된 세탁기가 빨랫거리의 옷감과 오염 정도를 진단해 알아서 세탁 코스를 고른다. 먼지를 털고 몸을 숙여 걸레로 닦아 내지 않아도 자동청소기가 실내 공간에 맞춰 쓰레기를 흡입하고 바닥을 닦아 내며 AI의 프로그램에 따라 이 패턴을 학습하고 정해진 시간에 청소를 한다. 기술 발전이 생활에 편리를 더했다.

굳이 내가 고민해서 답을 찾지 않아도 요약과 답을 내어 주는 AI가 일상을 편리하게 만들어 주는 것일 수도 있다. 글을 쓴 저자의 의도를 짐작하고 행간을 읽어 내어 이야기를 헤아리는 인지적 노력을 기울일 시간과 힘을 절약할 수 있다. 하지만 계산기에 의존하다 단순한 덧셈과 곱셈의 일상적인 계산을 하는 능력이 퇴화할 수 있는 것처럼, 사용자의 취향을 읽어 내어 AI가 정제해 주는 세계에 익숙해지다 보면, 새로운 것을 알아가고 경험함으로써 지성의 역량을 갖추는 근육도 퇴화할 수 있다.

AI로 편리해진 세상에서 시간과 힘을 들이는 노력을 줄일 수 있지만, 이성적으로 사유하는 숙고의 편익을 잃어버릴 수 있다. 숙고(熟考)는 '어떤 상태를 신중하고 깊이 생각하거나 내면을 성찰하는 명상'을 말한다(강학순, 2021). 드러난 현상뿐 아니라 내면을 심안에 비추어 바라보는 것이다. 그러므로 깊이 반성하고 성찰해야 하고, 두루 사유해야 하며, 이성적으로 판단해야 한다. 숙고는 계산된 데이터를 무비판적으로 학습해 결과를 내놓는 AI의 사고 체계 범위를 넘어서는 생생한 활동이다. 프랑스의 철학자 데카르트는 "나는 생각한다, 고로 나는 존재한다(Cogito, ergo sum)"라고 하였다. 사고해서 지성을 얻기는 어려운 일이지만 사고는 인간 고유의 능력이다.

존재하는 개체의 의미와 개체 간 관계를 겪어 내며 사유하는 과정이 불편해진다. AI가 제시하는 편리한 세계에서 더는 시간과 노력을 들여 사고하지 않으며, 즉시 주어지는 결과물에 익숙해진다. 점차 세계를 확장하는 인지적 사유가 낯설어지고, 결국 AI가 연동해 주는 영상물의 자극에 익숙해지며 모니터 안에서 플레이어가 아닌 인물들(Non-Player Character, NPC)과 섞여 살아간다.

인간관계의 어려움, 혼자가 편하다는 생각

인간관계는 어려운 방정식이다. 방정식이 참이 되게 하는 미지수, 해(解)를 찾으려면 미지수의 수보다 주어진 조건이 같거나 많아야 한다. 그런데 인간관계는 해를 구하기에 주어진 조건이 충분하지 않은 혹은 해가 없는 방정식과 같다.

인간관계에서 해를 구하는 조건 중 하나는 갈등이다. 갈등을 겪으며 자기와 타인을 이해하고, 둘 간의 관계를 이해한다. 갈등은 자기가 무엇을 좋아하고 무엇을 불편해하는지, 타인은 무엇을 좋아하고 무엇을 불편해하는지 인지하고 공존하려고 적정한 선을 맞춰 가는 계기가 된다.

하지만 타인과의 관계에서 갈등이 마냥 편하지는 않다. 그 사전적 정의가 '칡과 등나무가 서로 얽히는 것과 같이, 개인이나 집단 사이에 목표나 이해관계가 달라 서로 적대시하거나 충돌하는 상태'인 것을 떠올리면 당연한 일이다(국립국어원 『표준국어대사전』, 2024.8.11). 인간관계를 위한 해를 구할 조건을 더 찾으려는 갈등을 외면하고 혼자 있기를 선택하는 게 인지적 부담과 심리적 비용을 더는 방법일 수도 있다.

사람들과 갈등을 한 번 피하면 두 번째 갈등을 피하게

된다. 그리고 점차 자기를 감추거나 타인과 관계를 피하며 갈등의 소지를 제거한다. 갈등을 피해, 사람들을 피해 모니터 안에서 AI가 연동해 주는 자극에 머문다면, 당장은 갈등을 회피할 수 있다. 그리고 1999년 개봉한 영화 〈매트릭스〉에서 파란 약을 선택해 진입하게 되는, AI가 보여 주는 가상 세계는 타인과 갈등을 겪을 위험 없이 안락하기만 하다. 갈등을 겪으며 불편한 순간을 맞닥뜨릴 수는 있지만, 결국 무너지지 않고 수용되고 수용받을 수 있는 안전한 관계를 경험할 기회를 박탈당한다.

하지만 사람들이 살아가는 실제 세계는 모니터 밖에 있다. 그 세계에서 살아가는 이들은 자신의 의지와 선호를 가지고 각자의 삶을 살아가는 주체적인 존재들이다. 타인과 갈등을 마주하기도 하면서 안전한 관계의 경험을 축적하며 인간관계의 해를 찾으려는 조건을 충족해 나갈 수 있다. 고민해야 할 문제를 외면하고 안락한 AI의 세계에 머무르며 혼자가 편하다고 생각할 수는 있지만, 고립되는 비용을 결국 피할 수는 없다.

참고문헌

강학순(2021). 『하이데거의 숙고적 사유: 계산적 사고를 넘어서』. 아카넷.

국립국어원. 『표준국어대사전』
동아시아 사이언스(2011.4.1). "가전제품은 여성을 노동에서 해방시켰다".
https://m.dongascience.com/news.php?idx=-5286658

05
행복과 쾌락

2000년 전 그리스에서 유래한 쾌락주의는 고통을 회피하고 욕구를 충족하는 데에 그치지 않고 심신의 평화와 자족 그리고 행복한 삶을 추구하는 것이었다. 현대에 이르러 타인과의 실질적 관계가 단절된 시공간에서 비인간적 존재인 AI로부터 즉시 주어지는 자극에 중독되어 무비판적으로 받아들이는 쾌락은 인간성을 말살하기도 한다.

AI와 아이돌?

즉시적 자극과 쾌락

언제든지 다양한 경로로 온라인으로 접속할 수 있는 시대다. 손에서 놓은 적 없는 휴대전화를 활성화하고 인터넷 플랫폼이나 영상 플랫폼 애플리케이션을 열면 이전 검색어나 이전에 보던 영상과 관련된 게시물부터 눈에 띈다. 애플리케이션을 닫아 둔 동안 한 이용자가 자신의 선호를 잊어버려도 또 다른 이용자 집단의 비슷한 선호까지 학습한 AI는 관심을 가질 만한 콘텐츠를 계속 제공한다. 끊임없는 알고리즘에서 벗어나기란 쉽지 않다.

쾌락은 대중적으로 말초적 자극에 기인한 즐거움 의미하는 용어로 쓰이곤 한다. 공리주의에서 고통을 최소화하고 쾌락을 극대화하는 것을 행복이라 했으니 타당한 것처럼 보이기도 한다. 고통을 피해 도달한 향락적 쾌락이 유쾌하고 고취될 수 있지만, 문제는 적응에 취약하다는 것이다. 동일한 양의 자극에 획득하는 쾌락의 양이 점차 감소하면서 더 강력하고 더 잦은 자극을 찾게 된다. 유튜브 쇼츠가 끝나기 전에 다음 영상을 찾고, 필요한 양의 자극에 미치지 않는다면 금세 다음 영상을 찾는다. 어려운 일도 아니다. 이미 AI가 알고리즘에 따라 끝없이 마련해 두고 있다.

즉시성은 매력적이다. 기부에 우호적인 자가 캠페인

에 노출되었을 때 즉시 접속하여 기부 여부를 결정할 수 있을 때, 기부 행동으로 이어지는 경향이 있다(박영아, 2015). 스마트기기를 활용한 학습이 즉시적일 때, 학업 성취에 긍정적 영향을 미치기도 한다(소원현 · 김하균, 2019). 하지만 즉시성은 위험성도 있다. 배달 속도가 점차 빨라지면서 배달 업계 종사자의 안전은 경시되고 있다(박수민, 2021). 자극에서 얻을 쾌락의 즉시성을 기대할수록 쾌락의 이로움과 해로움을 판단하는 가치도 사라진다.

실용적 소비를 대신한 쾌락적 소비의 선택을 정당화하는 과정에서 이롭지 않은 재화를 획득하는 죄책감보다는 향락을 포기하는 데에서 오는 상실감이 작동하는 속도가 더 빠르다(박세훈, 2005). 선로가 비슷한 집단의 경험을 학습한 AI가 내 선호를 읽고 쏟아내는 자극 속에서 이성적 판단을 할 겨를이 없다.

그런데 사실 그리스 철학에서 정신적 쾌락을 중시한다(장미성, 2021). 감각적이고 육체적인 쾌락을 배제하지는 않지만, 오히려 최소한의 육체적 쾌락을 충족하며 이성적인 덕을 누리는 사람을 행복하다고 간주한다. 에피쿠로스학파의 논의에 뿌리를 두는 공리주의에서 극대화하고자 하는 쾌락도 신신이 고통스럽지 않은 평정한 상태를 행복한 것으로 보고 이를 강조하는 것이다(장미성, 2021). 고요한 평화에서 얻는 쾌락은 즉시성에 현혹되지 않는다.

욕망 충족을 위한 기다림과 행복

즐거움은 결핍을 해소해 행복한 삶을 누리려는 욕망으로 출발한다. 욕망이 충족되지 않는 상태는 고통이 될 수도 있다. 욕망은 타인과의 비교에 연동되어 결코 충족될 수 없다. SNS 피드에 뜨는 남들과 비교하다 밑 빠진 독에 물을 부어도 채워지지 않는다. 욕망이 충족된다고 할지라도 새로운 상태에서 균형을 이루어 적응한다. 그리고 새로운 욕망이 끊임없이 자라난다.

하지만 욕망 자체는 삶의 의욕과 활기가 되며, 생존과 적응에 필요한 활동을 촉진하는 긍정적인 작용을 할 수도 있다(권석만, 2010). 음식물을 섭취하는 즐거움은 생존과 직결된다. 더위나 추위를 피해 안락한 곳에 머물고자 하는 욕구는 신체의 안전을 보장한다. 집단에 소속되려는 노력은 생존 확률을 높이고, 이성과 어울리고자 하는 욕정은 유전자의 번식을 가능하게 한다.

욕망충족이론(desire fulfillment theory)에서는 욕망의 충족 여부에 따라 행복과 불행이 결정될 수 있다(권석만, 2010). 그래서 욕망과 환경 조건이 결합하여 욕망이 충족된다면 쾌감과 만족감을 느끼고 비로소 행복에 이른다. 하지만 환경 조건이 갖추어졌다고 해서 행복해지는 것은 아니다. 향락적 쾌락에 눈멀지 않고, 행복한 삶을 위해 욕망을 다루는 데에 두 가지 요건이 필요하다. 우선 모든 욕망이 채워진 유토피아적 상황은 사실상 불가능한 이상향으로, 그에 다다르고자 자기를 실현하는 과정(홍병선, 2012)으로서 삶을 즐기는 이성적 판단이다. 그리고 즉시 주어지는 자극에 반응하는 게 아니라 상황과 상호작용하는 과정을 견딜 수 있는 자기조절(self-regulation) 능력이다.

욕구 혹은 욕망이 주어진 환경 요건과 주체적 의지에 부합해 획득하는 긍정적 변화와 발전이 긍정적 정서 경험을 이끈다. 욕망이 온전히 내 것인지 혹은 타인과 비교해 설정된 것인지 구별할 수 있어야 하고, 주어진 환경에서 충족하기 어려운 욕망 수준을 조절할 수 있어야 한다. 선별한 욕망을 실현하는 데는 의지와 노력이 필요하다. 일련의 과정에서 축적한 정서적 경험은 다음 단계 변화의 양분이 되는 선순환이 작동한다(구재선, 2009). 이렇듯 욕망이 충족된 결과가 아닌 욕망을 충족하는 과정으로서 삶을 살아 내려면 자기를 조절하는 능력은 절대적인 양의 시간이 필요하다. 이 시간에 환경적 요건과 욕망을 판단할 수 있는 반성과 숙고의 역량이 기반이 되어야 한다. 그리고 늘 성공하지는 않는, 실패도 감내할 수 있는 여유가 필요하다. 그러면 비로소 스스로 마음의 혼란과 불안과 공포로서 고통이 없는 상태, 심적 동요가 없는 상태로서 행복한 삶에 이를 수 있다(장미성, 2021).

쾌락과 행복의 간극 그리고 고립

최고선으로서 행복을 연구하는 학문적 접근이 다양하다. 쾌락주의적 견지에서는 '주관적 안녕(subjective well-being)'에 주목한다. 학술적 개념으로 주관적 안녕은 정서적 요소와 인지적 요소로 구성된다. 이 중 정서적 반응은 '단기적인 상황 변화에 대한 직접적 반응으로 지속 기간이 짧으며 무의식적 동기나 생리적 상태에 영향을 받는 경향'을 말하는 반면, 인지적 반응은 '좀 더 장기적인 삶의 상태에 대한 의식적 평가로서 삶의 가치관이나 목표에 따른 영향'을 말한다(권석만, 2010).

자기실현적 견지에서 행복은 '개인이 자신의 긍정적 성품과 잠재 능력을 충분히 발현함으로써 개인적으로나 사회적으로 가치 있는 삶을 구현하는 것'이다. 이들은 쾌락주의적 견지에서 쓰는 '주관적 안녕'보다는 '심리적 안녕'(psychological well-being)이라는 용어를 사용하는 경향이 있다. 심리적 안녕에는 효율적 환경 통제, 타인과 긍정적 관계, 자율성, 개인적 성장, 인생의 목적의식, 그리고 자기 수용의 요소가 필요하다(권석만, 2010).

쾌락이든 자기실현이든 욕구가 충족된 행복한 삶은 즐거운 삶(pleasant life)이기도 하고, 몰입하는 삶(engaged life)이기도 하며, 의미 있는 삶(meaningful life)이기도 하다(권석만, 2010; 박성호, 2005). 아울러 아리스토텔레스의 도덕철학에 기반을 두는 좋은 삶(eudaimonia)이기도 하고(아리스토텔레스, n.d.), 한나 아렌트가 지향한 활동적 삶(vita activa)이기도 하다(한나 아렌트, 1958). 종합하면, 행복한 삶은 개인적 차원을 넘어 공동체 속에서 덕행으로 체험하는 사회적으로 자족하는 삶이다(홍병선, 2012).

그러나 AI가 학습한 알고리즘을 따라 SNS 피드나 광고에서 내 선호를 표적으로 해서 보여 주는 즉시적 자극에서 얻을 수 있는 감각적 쾌락을 좇다 보면 숙고할 수 있는 인지적 역량을 잃어버리고 현실에 대한 통제력을 상실할 수 있다. 그리고 향락을 즐기려는 자기의 욕망에 몰입하다 타인의 처지에 둔감해지면서 사회적 관계와 유대를 약화한다(권석만, 2010). 결국 왜곡된 욕망만 남은 채 쏟아지는 광고와 자극 앞에서 홀로 고립된다.

참고문헌

구재선(2009). 행복은 심리적 자원을 형성하는가. ≪한국심리학회지: 사회 및 성격≫. 23(1), 165-179.

권석만(2010). 심리학의 관점에서 본 욕망과 행복의 관계. ≪철학사상≫. 36, 121-152.

박세훈(2005). 쾌락적 제품과 실용적 제품의 소비자 선택에 미치는 죄책감 효과. ≪마케팅연구≫. 20(2), 21-44.

박수민(2021). 플랫폼 배달 경제를 뒷받침하는 즉시성의 문화와 그림자 노동. ≪경제와사회≫. 208-236.

박성호(2005). 쾌락에 관한 아리스토텔레스의 분석과 비판. ≪철학연구≫. 94, 139-161.

박영아(2015). 모바일 즉시 접속성이 잠재적 기부자의 내적동기에 미치는 영향. ≪인터넷전자상거래연구≫. 15(6), 95-116.

소원현·김하균(2019). 스마트학습 특성이 한국 대학생의 학업태도 및 성취도에 미치는 영향: 이동성, 양방향성, 즉시성, 현실성, 협력성을 중심으로. 예술인문사회 융합 멀티미디어 논문지. 9(2), 211-220.

아리스토텔레스(n.d.). *Ethica Nicomachea Politika/Peri Politikes*. 손명현 옮김(2016). 『니코마코스 윤리학/정치학/시학』. 동서문화사.

장미성(2021). 에피쿠로스의 행복으로서의 쾌락: 동적인 쾌락과 정적인 쾌락을 중심으로. ≪서양고전학연구≫. 60(2), 167-188.

한나 아렌트(1958). *The Human Condition.* The university of Chicago. 이진우 옮김(2019). 『인간의 조건』. 한길사.

홍병선(2012). 행복에 대한 인문학적 성찰. ≪교양논총≫, 7, 6-34.

06
발견

고립된 이들을 찾는 건 어려운 일이다. 말 그대로 관계가 단절되어 있고, 숨어 있는 이들을 탐지할 수 있는 단서가 많지 않다. 고립된 이들이 현재 상태와 벗어나고자 하는 욕구를 느끼는 순간을 인지하는 것도 쉽지 않은 일이다. 어쩌면 고립되어 24시간 온라인과 오프라인을 넘나들며 누군가의 도움을 바라는 목소리를 놓치지 않는 건 AI가 더 잘할 수 있는 일일지도 모른다.

AI와 야구?

고립을 발견하다

고립이 심화되어 극단적인 현상으로 드러나는 고독사는 주변 사람들과 관계가 단절되고, 자택이나 주거지에서 홀로 임종을 맞으며, 일정한 시간이 흐른 뒤에 발견되는 상황을 말한다(송인주 · 모은정, 2021). 고독사의 개념에서 추출해 고립된 누군가를 발견하는 데에 고려할 세 가지 요소는 단절된 관계, 장소 그리고 시간이다.

첫째, 관계의 단절이다. 2020년 서울시에서 확인된 고독사 51개 사례 대부분이 지역 주민, 공무원, 고시원 관계자, 통반장에게 발견되었다(송인주 · 모은정, 2021). 지역 주민이라고 할지라도 평소 안부를 묻는 이웃이라기보다 집주인이나 고시원 관리자 등 죽음의 냄새를 맡아 고독사가 발생한 공간을 관리해야 하는 의무를 지닌 자에 가깝다. 타인과의 사회적 교류와 도움받을 수 있는 인적 지지 체계가 부족한 고립 청년 중 가족이나 친지, 친구나 이웃 누구와도 연락하지 않은 비율은 고립되지 않은 청년에 비해 월등히 높다(김성아 외, 2023).

둘째, 고립된 장소다. 은둔하는 청년들 중 방에서 거의 나오지 않는 청년들은 물론이거니와 집 밖으로 나가지 않거나 타인들과 관계를 맺지는 않지만 생활을 하려고 편의점에 가거나 도서관 등 취미 생활을 하려고 제한적으로 외출하기도 한다(김성아 외, 2023). 고독사 사례 대부분이 자택에서 발견되는 등(송인주 · 모은정, 2021) 고립된 이들이 이동하는 물리적 거리가 제한적이다. 고립되거나 은둔하는 청년들은 할 일이 없고 갈 곳이 없으며 경제력이 충분하지 않으니 돈을 덜 쓰면서 온라인에서 대부분의 시간을 보내기도 한다(김성아 외, 2023). 커뮤니티나 게임 등 온라인 활동은 고립되거나 은둔하는 불편한 경험을 잊어버리기에 충분한 자극이 되기도 한다.

셋째, 고립된 시간이다. 고립되거나 은둔하는 청년 중 다수는 낮에 할 일이 없으니 배고플 때 식사하고 졸릴 때 자면서 밤낮이 바뀌곤 한다(김성아 외, 2023). 고립되는 동안 온라인에 접속하는 시간이 새벽인 경우도 많다(김성아 외, 2023). 일정 시간이 흐른 후 발견되는 고독사 사례를 사후 부검해도 사망 시간을 특정하기는 쉽지 않다.

고립된 누군가를 발견하려고 인공지능이 비정형 빅데이터를 학습한다면, 단절된 관계와 고립된 공간 그리고 고립된 시간을 고려해야 한다. 고립된 이들은 지인과 통화하지 않으며, 문자메시지를 나누거나 SNS에서 소통하는 빈도가 낮거나 거의 없다. 휴대전화에 저장한 지인의 연락처 개수가 적을 가능성도 크다. 고립된 사람들의 휴대전화 GPS 위치를 모니터링하면, 거주지를 중심으로 이동 거리가 거의 확인되지 않을 수도 있다. 고립된 사람들의 시간은 일하거나 타인과 접촉하려고 낮 시간에 주로 활동하기보다 24시간 활성화되어 있다. AI는 통신 데이터와 위치 정보를 교차해 고립 위험이 높은 사람들을 발견할 수 있다.

최근 정부는 사회적 고립에 대응하고자 현재 단전이나 단수 등 행정 데이터를 이용해 복지 사각지대에 있는 숨겨진 취약자를 탐지할 계획을 발표하였다. 여기에 따르면 시나리오를 학습한 AI를 이용해 해당 가구의 위기 정보를 파악하는 초기 상담을 실시한다(보건복지부, 2024.7.22). 그리고 고립된 이들을 발견하고 연결하려면 근무시간이 제한되지 않고 24시간 언제든 연결할 수 있는 AI가 보여 줄 역할에 기대가 크다. 다만, 고립을 발견하는 데에 AI를 활용하는 제도 설계와 유능한 사업 운영이 뒷받침되어야 할 것이다.

고립을 탐지하다

최근 AI는 새로운 세계를 탐지하고 있다. 신약을 발견하고(Guadalupe Hayes-Mota, 2024.2.29; Transcripta Bio, 2024), 암세포를 발견한다(Padma, T. V., 2024.7.11). 물

리학에서는 새로운 물질을 발견하는 데에 AI가 기능하고 있다(Merchant & Cubuk, 2023.11.29.; Merchant et al., 2023). 일상생활에서는 주차된 캠핑카 중 비어 있는 캠핑카를 탐지하기도 하고(The Guardian, 2024.3.25), 사람처럼 글을 쓰거나(Gherman, 2024.7.25.; Perry, 2024.5.14) 이미지를 제작하기도 한다(Glober, E., 2024.8.20). 사회적으로는 영국 기차역을 오가는 도시인의 표정과 감정을 읽기도 하고(Burgess, 2024.6.17), 미국 대학에서 총기 사격 가해의 위험을 탐지하기도 한다(Bridge Michigan, 2024.3.29). 사람의 눈길이 닿지 않는 곳에서 산불의 위험을 포착하는 것도 AI의 새로운 역할이다(Simin, 2024.1.2).

말 그대로 홀로 단절되어 탐지할 만한 단서가 없을 것이라고 짐작한 고립된 누군가를 탐지하는 데에도 AI의 역할을 기대할 수 있다. 고립된 누군가는 관계, 장소, 시간이 단절되어 있다. AI가 고립된 누군가를 찾는다면, 몸속의 암세포를 찾거나 도시인의 표정을 읽는 것처럼 관계, 장소, 시간이 교차하는 지점에 있어야 한다.

모니터 너머 실제 타인과 교류하기보다 단절되어 온라인에서 보내는 시간이 길거나, 온라인에 머무르는 시간이 불규칙하거나, 온라인에서 표현하는 자기의 감정과 생각이 고립되어 취약한 이들의 특성에 부합한다면, 그들은 고립되었을 확률이 높다. 온라인 활동으로 고립 징후를 파악하려면 우선 온라인에 접속하는 경향을 포착할 수 있어야 한다. 타인과의 온라인 교류 통로가 되는 SNS나 소통 플랫폼의 이용 정도가 현저히 낮다거나, 밤낮이 바뀌어 온라인에서 그저 시간을 보내는 행태를 발견할 수 있다. 온라인에서 자기를 표현하고 타인과 소통하는 경향을 분석할 수도 있다. 자기나 타인에 대한 공격성이 높거나, 고립이나 은둔, 히키코모리나 외톨이와 같은 관련성이 높은 용어를 자주 검색했다면 역시 관계가 단절되었을 위험이 클 수 있다. 혹은 온라인, 특히 현대인의 필수품이 되어 버린 휴대전화 위치의 범위가 상당히 제약되어 있거나 일정 시간 이상 변동되지 않는다면 고립되어 거주 공간 밖으로 나가지 않으며 은둔하는 생활을 지속하고 있을 수 있다.

선행해야 할 것은 고립 징후를 포착하는 신호를 목록화하는 것이다. 고립 위험이 높을 때 위치 정보가 어느 정도 범위에서 어느 정도 기간 이상 변동되지 않아야 하는지, 온라인에 머무르는 패턴이나 시간 사용이 어떠해야 하는지, 온라인에서 자기를 표현하는 언어나 방식의 경향은 어떠한지 등에 대한 지식을 축적하고, 이를 활용할 수 있어야 한다.

시공간을 넘나드는 연결 그리고 과제

영화 〈그녀〉에서 주인공과 소통하던 인공지능 사만다처럼 현대의 인공지능은 인간과 대화할 수 있다. 챗GPT의 음성 기능은 흡사 사람과 같은 자연스러운 목소리와 높낮이를 구사한다. '음'이나 '어' 같은 군말과 숨소리를 더하기도 한다. 대화 내용도 풍부한데, 그 비결은 대규모 언어 모델(Large Language Model, LLM)이다. 다년간 인터넷에 쌓인 빅데이터에서 대화 주제를 실시간으로 찾아낸다. 무엇보다 다른 누군가와 대화하더라도 나와 일대일 대화를 시작할 수 있다. 대화를 시작하는 시간과 공간에 구애받지 않는다.

몇 가지 해결해야 할 문제가 있다. 대규모 데이터를 가공하는 데 드는 전기 에너지의 문제뿐 아니다. 상황을 탐지하고 사람을 찾도록 하는 기계학습(machine learning)과 기계와 사람 간 대화를 시도하는 LLM에서 기계를 학습시키는 데이터의 질을 관리해야 한다.

알고리즘을 학습하는 컴퓨터는 그야말로 중립적이어서 투입된 데이터를 판단하지 않고 그대로 수용한다. 이때 투입되는 데이터에 혐오 표현이나 편견이 존재한다면 AI가 생산해 내는 결과물에서 이를 찾을 수 있다. 그리고 생산된 결과물은 또 다른 투입물로 AI가 다음 대화를 위해 학습하는 재료가 되어 혐오나 편견이 강화된다. 이러한 기제를 통제하려면 AI가 학습하는 데이터를 관리해야 한다. 상한 재료로 맛있는 음식을 만들어 내는 건 불가능한 일이다.

또 다른 이슈는 개인정보다. 온라인에 머무는 시간, 온라인을 활용하는 방식, 위치 정보 등은 모두 개인정보다. 개인정보는 활용 목적과 방식에서 본인의 동의를 얻지 않으면 이용할 수 없다. 그러나 고립 위험에 있는 누군가를 탐지하고, 그가 다시금 연결될 수 있도록 도움의 손을 내미는 것이 사회적 연대를 실현하는 공익에 부합한다면, 고립 고위험군을 찾아내는 목적의 이용에 대한 사회적 합의를 얻는 논의를 시작할 만하다.

참고문헌

김성아 외(2023). 고립·은둔 청년 실태조사 연구. 보건복지부, 한국보건사회연구원.

송인주·모은정(2021). 서울시 고독사 위험계층 실태조사 연구. 서울시복지재단.

보건복지부(2024.7.22). 인공지능(AI) 초기 복지상담 전화로 위기가구 지원에 나선다. 보건복지부 보도자료.

Bridge Michigan(2024.3.29). After shooting, MSU adding AI

surveillance to detect threats, count people. Bridge Michigan.
Burgess, M.(2024.6.17). Amazon-Powered AI Cameras Used to Detect Emotions of Unwitting UK Train Passengers. WIRED.
Guadalupe Hayes-Mota(2024.2.29). AI Is Rapidly Transforming Drug Discovery. *Forbes.*
Gherman, J.(2024.7.25). Humanizing AI: Four Secrets To Fleshing Out Your Content. *Forbes.*
Glober, E.(2024.8.20). AI Detection: What It Is, How It Works, Top Tools to Know. Build In.
Merchant, A., et al.(2023). Scaling deep learning for materials discovery. *Nature.* 624, 80-90.
Merchant, A. & E. D. Cubuk(2023.11.29). Millions of new materials discovered with deep learning. Google DeepMind.
Padma, T. V.(2024.7.11). AI making cancer detection faster, more accurate. *Nature India.*
Perry, C.(2024.5.14). Three Clever Ways To Humanize AI Content And Five Mistakes To Avoid, *Forbes.*
Simin, J.(2024.1.2). 4 ways AI can help with climate change, from detecting methane to preventing fires. *NPR.*
The Guardian(2024.3.25). Revealed: a California city is training AI to spot homeless encampments. *The Guardian.*
Transcripta Bio(2024). AI-powered innovation in drug discovery. *Transcripta Bio.*

07
관계 연습

사람들과의 관계에서 단절되어 홀로 있다 보면 기계와 온라인에 익숙해지면서 사람을 대면하는 게 낯설어지기도 한다. 타인과 관계를 재개하기로 마음먹었지만 아직은 두려울 때 사람의 얼굴과 말투를 닮은 AI가 다시금 관계를 시작하는 첫 단계를 함께할 수도 있다. 그리고 AI는 고립에서 연대로 나아갈 동행자가 될 수도 있다.

AI와 윤동주?

사람 같지만 사람은 아닌 AI와 관계 연습

영화 〈그녀〉의 사만다는 사람 같은 인공지능 서비스다. 다른 사람들의 감정을 그럴듯하게 담아 편지를 대필하는 일을 하는 남자 주인공은 이혼 위기에서 배우자와 관계를 잠시 멈추었다. 그리고 사람 같은 목소리와 어투를 가진 사만다와 감정을 나누면서 생기를 찾는다. 사만다는 사람은 아니지만, 다수의 사람과 여러 차례 나눈 대화를 재료로 남자 주인공과 대화를 이어 나간다. 단순히 일상을 나눌 뿐 아니라 이성 간의 호감을 쌓아 간다. 그러곤 대규모 업데이트 이후 사만다는 남자 주인공을 떠나간다.

AI 로봇으로 변신한 뽀로로의 이름은 '뽀로롯'이다(연합뉴스, 2017.4.21). 아이들의 전폭적인 선호를 받는 뽀로로의 생김새와 목소리를 닮은 '뽀로롯'은 동화를 읽어 주고 아이들과 대화를 나눌 수 있다. 화면을 통하거나 말하지 않는 인형과의 일방적 관계에서 쌍방향 소통이 가능해 보이기는 했다. 대통령에게 정상회담을 제안한 아이들의 뽀통령 '뽀로롯'이 어린이와 대화하려고 제한적인 빅데이터를 재료로 하여 기능을 확장하기 어려운 한계가 있지만(한국일보, 2017.10.11), 캐릭터가 생생히 살아나 누군가와 소통하는 대화형 AI의 사례다.

또 다른 대화형 AI '이루다'는 20대 여성 대학생이고 친구들과 페이스북 메시지로 소통하는 걸 좋아하는 캐릭터이기도 하다. 약 75만 명과 대화한 '이루다'는 개발업체의 자회사에서 수집한 100억 건의 연인 간 온라인 대화를 재료로 개발되었다. 오타에 속어까지 섞어 썼으므로 주로 10~20대의 인기를 끌었다. 하지만 데이터를 기반으로 알고리즘에 따라 유연하게 응답한 '이루다'는 혐오 표현과 성차별적 언행으로 논란의 중심이 된 이후 초기 데이터를 전량 폐기했다(김영화, 2021.2.3; 중앙일보, 2021.1.11).

AI에 사람다움을 싣기는 어렵다. 애니메이션의 등장인물을 담아낸 '뽀로롯'이 그러하듯 컴퓨터 같은 기계의 논리에 빅데이터를 더해 두 화자 간 말이 오고 갈 수는 있지만, 실제 사람의 인격을 덮어 내기는 더욱 어렵다. 현재의 AI는 인간의 뇌를 닮은 인지적 기능을 담아내고 있기는 하지만(장병탁, 2018; 정상근, 2015), 사랑하는 '사만다'와 물리적 스킨십을 할 수도 없고 '이루다'가 학습한 재료로 빅데이터가 가진 편향적 정보를 판단하고 거를 수 있는 가치관을 탑재할 수도 없다.

타인과 소통하고 교류하는 관계로 사회성을 유지하는 인간이 단절되었을 때 사회성은 퇴보될 수 있다. 게다가 내 방 밖 세계는 시간의 흐름에 따라 나아가지만 나는 그저 머물러 있는다면 그 자체로 후퇴하는 것이다. 퇴보와 후퇴가 맞물리면 후진하는 속도는 더욱 빨라지고, 이미 늦었다고 판단할 때 고립되었던 자기를 부끄럽게 여기며 다시금 관계를 맺어 나가는 것이 두려울 수 있다. 대화형 AI는 분명 관계 형성을 다시 연습하는 도구로 유용할 수 있다. 사람 같지만 사람은 아닌 AI와의 대화로 시작해 실제 세계에서 사람들과 연대하는 다음 단계로 나아가려면 몇 가지 조건이 필요하다.

드러내지 않아도 되는 안전한 관계, 하지만…

오래 고립된 청년들은 은둔하는 동안 제대로 씻거나 단장하거나 주변을 깨끗하게 하는 등의 자기관리를 상대적으로 소홀히 하게 된다. 단절된 동안 자기에 대한 부정적 인식이 강화되기도 하고, 오히려 알았던 사람들을 지금 상태로 만나는 게 두려울 수도 있다(김성아 외, 2023). 이번 생은 포기하고 싶을 만큼 너무나도 싫은 지금의 나를 상대방이 어떻게 평가할지 두려운 것이다. 방 밖으로 나가 사람들을 만나서 다시금 보통의 청년들처럼 어울려 살고 싶어도 스스로 부끄러워 선뜻 시작하지 못할 수 있다. 그렇다면 여러 선택지 중 얼굴을 드러내지 않아도, 마주하지 않아도 되는 비대면 방식이 효과적일 수 있다. 사람 같지만 사람이 아닌 AI라면 상대방이 나를 어떻게 판단할지에 대한 두려움을 내려놓고 시도할 수도 있다.

타인과의 교류와 소통이 단절된 고립 상태에서 벗어난다는 것은 소통과 교류를 시작한다는 의미다. 고립된 누군가를 탐지했을 때, 그가 고립에서 벗어나기를 원한 적기를 놓치지 않으려면 24시간 모든 사용자와 일대일 연결할 수 있는 AI가 유용할 수 있음을 앞서 논의하였다. 계량할 수 없을 만큼 대량의 빅데이터를 재료로 학습한 AI가 고립된 누군가가 다시금 연결되기를 바랄 때에 적합한 대화의 알고리즘을 생성할 수 있다. 그리고 이 논리적 구조에 따라 고립된 이의 두려움과 어려움에 공감하면서도 고립에서 벗어나도록 용기를 북돋는 대화를 이끌어 갈 수 있다.

고립된 이와 첫 대화를 나눌 AI는 로봇이지만 인간의 형태와 특징을 지니는 휴머노이드(humanoid)의 모습일 수 있다. 사람으로부터 단절되었으나 다시금 사람들과 연결되기를 바라는 고립된 누군가가 AI와 첫 대화를 시도하지만, 어느 순간 기계와 대화하는 불편함을 느낄 수도 있다. 도쿄공과대학 로봇공학 교수였던 마사히로 모리가 제시한 '불쾌한 골짜기' 가설이다(Mori et al., 2012).

'불쾌한 골짜기'는 로봇이 지닌 인간과의 유사성을 100%로 가정하고 로봇을 대하는 사람이 느끼는 친화력도 100%로 가정했을 때, 로봇이 인간과 닮아 갈수록 친화성이 점차 증가하다가 어느 순간 불쾌감이 증폭되었다가 다시금 친화성이 100%까지 증가하는 현상을 말한다. AI와 접촉한 최초의 순간에 흥미로움과 무언가를 시도한 흥분이 좋은 기분을 유발할 수 있다(강수미, 2022). 하지만 사람 같지만 사람은 아닌 AI와의 접촉이 길어질수록 좋은 기분이 더 좋아지거나 하다못해 유지되는 게 아니라면(김한승, 2018), 자신의 시도를 낯설게 바라보며 회의감이 들 수도 있다(박대철 · 이동은, 2022; 신홍임, 2021; 이진균, 2022).

한 연구에서는 2019년에 7~9년 경력의 교사 2명과 율동 로봇으로 5세 유아 46명과의 놀이를 실험했다. 아이들은 로봇의 생김새를 궁금해했고, 로봇과 스킨십하며 로봇의 움직임을 탐색했다. 로봇과의 활동에 어느 정도 익숙해졌을 때, 동작을 따라 하거나 재미있는 동작을 발견해 다른 친구와 공유하거나 새로운 동작을 만들어내는 등 창의적인 놀이가 이루어졌다(나은숙 · 윤태복,

2021). 로봇은 유아들이 신체 활동을 하며 새로운 놀이를 창안하는 데에 매개체가 되었지만, 그 효과가 얼마나 인간적인 형태로 지속되었는지는 알 수 없다. 고립된 누군가가 다시금 연결되려고 AI와 시작한 대화 그리고 관계 연습이 마냥 이어질 수는 없다.

AI 관계 연습의 다음

고립의 반대어는 연결(connection)이다. 타인과의 교류가 단절된 사회적 고립의 반대어는 타인과 얼굴과 신체를 대면하는 사회적 연결이다. 오래 고립된 누군가가 다시금 연결되기를 원할 때, AI와 관계 연습 다음을 준비해야 한다. 그런데 새로운 공간에서 고립 다음의 단계에서 만나는 누군가는 AI처럼 고립된 이의 두려움이나 어려움을 공감하지 못할 수도 있다. 더는 알고리즘을 따르지 않아 예측할 수 없는 관계 혹은 갈등을 직면할 수도 없다.

AI의 역사를 돌아보면, 기호주의와 연결주이 간 대립이 있다. 기호주의는 디지털 컴퓨터의 작동방식에 따라 인간의 지능은 규칙과 논리의 집합을 인공지능의 논리구조로 설정하는 것이다. 반면, 연결주의는 인간 뇌의 정보처리 과정을 따라 입력 데이터가 가중치로 연결된

뉴런(뇌신경 세포)들을 거치며 출력을 만드는 구조를 AI를 통해 인간의 지능을 구현하고자 한다(이근배, 1993; 노희섭 외, 1999). 초창기 AI는 기호주의가 압도하는 듯했다. 하지만 2012년 딥러닝으로 연결주의가 부활했고, 오늘날 AI의 뒷배가 되었다(장병탁, 2018). AI가 인도하는 세계는 연결이자 확장이고 정서적 영역을 넘나든다(김도헌, 2020).

그러나 여전히 AI로 다시 연결된 세계는 실패할 가능성을 내재한다. 편향적 데이터를 재료로 머신 러닝 과정을 거치면 편향적 결과가 나온다(중앙일보, 2021.1.11). 여성성을 지닌 '이루다'의 성과 뒤에 따라온 성희롱과 성차별과 같은 혐오 논란이 그렇다. 딥페이크와 같이 악용할 소지도 있다(이선욱, 2024.9.27). AI가 위치한 비중립의 자리에서 윤리 문제를 무시할 수 없다. 오랜 고립 뒤에 만나는 첫 대화자가 접촉할 AI의 정체성을 고민해야 하는 중요한 이유다.

참고문헌

강수미(2022). 불쾌한 골짜기 내외 인간, 기술, 미술의 동시대적 관계. 현대미술학 논문집. 26(1), 7-30.

김도헌(2020). 사물인터넷과 인공지능시대의 미래 학습, 어떻게 바라볼 것인가?: 연결, 확장, 정서의 개념을 중심으로.

≪평생학습사회≫. 16(1), 1-25.
김성아 외(2023). 고립·은둔 청년 실태조사 연구. 보건복지부, 한국보건사회연구원.
김영화(2021.2.3). '이루다'가 멈춘 곳이 '우리의 현재', ≪시사IN≫.
김한승(2018). 불쾌한 골짜기와 미적으로 더 좋음. ≪미학≫. 84(3), 83-114.
나은숙·윤태복(2021). 유아-에듀테인먼트 휴머노이드 율동로봇 간의 상호작용. ≪미래유아교육학회지≫. 28(1), 103-126.
노희섭 외(1999). SymCSN: 유연한 지식 표현 및 추론을 위한 기호-연결주의 모델. ≪인지과학≫. 10(4), 71-83.
박대철·이동은(2022). 버추얼 휴먼의 불쾌한 골짜기 상쇄를 위한 스토리텔링 전략 연구-SNS 의 댓글 반응을 중심으로. ≪한국게임학회 논문지≫. 22(6), 43-55.
신홍임(2021). 불쾌한 골짜기 로봇 속성의 의인화, 마음지각 및 도덕적 처우의 관계. ≪감성과학≫. 24(4), 3-16.
연합뉴스(2017.4.21). '뽀로로'가 AI로봇으로 변신했네... '뽀로롯' 하반기 출시.
이근배(1993). 자연어 처리에 있어서 연결주의와 기호주의의 비교. ≪(구)정보과학회논문지≫. 20(8), 1230-1238.
이선욱(2024.9.27). '딥페이크 성범죄 방지법' 국회 통과...텔레그램을 이용한 디지털 성범죄 근절될까. BBC News 코리아.
이진균(2022). 가상 인플루언서의 특성과 공신력이 소비자 반응에 미치는 영향 지각된 인간다움의 조절효과를 중심으로. ≪한국광고홍보학보≫. 24(4), 347-385.
장병탁(2018). 인간지능과 기계지능-인지주의 인공지능. Communications of the Korean Institute of Information Scientists and Engineers. 36(1), 17-26.
정상근(2015). 인공지능과 심층학습의 발전사. Communications of the Korean Institute of Information Scientists and Engineers.

33(10), 10-13.

중앙일보(2021.1.11). 이루다 만든 스캐터랩 대표 "이루다 논란, 오늘 입장 밝힌다"

한국일보(2017.10.11). 문 대통령, 뽀통령의 정상회담 요청에 "오 좋은데".

Mori, M., et al.(2012). The uncanny valley [from the field]. *IEEE Robotics & automation magazine*. 19(2), 98-100.

08
관계 확장

고립에서 벗어나 AI와 관계 맺는 방법을 다시금 연습했다. 이제는 진짜 사람들과 더 확장된 관계망 속에서 새롭게 연결되기를 시도한다. 내 취향과 습관을 아는 AI가 새로운 책과 음악을 추천하듯, 취향을 공유할 수 있는 친구와 동료를 추천하는 건 어떨까? 어쩌면 지금 살고 있는 지역을 넘어 물리적으로도 더 넓은 세계로 나아갈 수 있다.

AI와 한의학?

취향과 습관을 아는 AI

피드에서 SNS 친구들의 소식을 알려 주고, 온라인 쇼핑몰에서 내가 흥미를 보인 상품과 유사한 또 다른 상품을 추천한다. OTT(Over The Top)에서 흥미롭게 봤던 영상물과 유사한 장르의 영화를 추천하고, 구인 · 구직 플랫폼에서 내가 할 수 있고 관심을 가지는 일자리를 추천하기도 한다(김승현 외, 2022). 내가 주로 접속하는 시간대와 위치 정보를 가지고 적절한 정보를 알려 주기도 한다. 온라인에 남긴 내 취향과 습관을 아는 AI는 관심사로 자연스럽게 유인해 나의 취향과 습관을 유지할 수 있게 한다.

오래 고립되었던 누군가가 다시금 연결되기를 바라며 AI와 관계를 연습하는 단계에서 음성이나 표정이 아닌 말을 나누는 AI 챗봇부터 시작할 수도 있다. AI 챗봇은 몇 가지 유형으로 나뉜다. 우선 질문에 정답을 알려 줄 수 있다. 금융기관의 챗봇에 계좌 별명을 관리한다거나 카드 발급 현황과 같은 대주제를 질문하면 AI는 소주제로 질문의 범위를 구체화하면서 이용자가 알고자 했던 정보를 제공한다. 기왕이면 기계에 물어보기보다 질문자의 관련 경력에 대한 정보를 가지고 있는 AI가 일대일 질의응답을 사람처럼 수행해 내면, 이용자가 앞으로 AI

금융 챗봇을 이용할 의향이 높아지기도 한다(변성혁 · 조창환, 2020).

혹은 이용자가 보고한 필요에 따라 최선의 선택지를 추천해 주기도 한다. 대학생의 전공과 진로 계획, 이전 수업 수강자들이 획득한 학점 등의 정보를 종합해 강의를 추천해 줄 수도 있다(이진숙 외, 2021). 적절한 날짜와 기후, 경비와 다른 소비자의 후기와 선호 등을 반영해 여행 상품을 추천하기도 한다(유건우, 2022). 알고리즘에 따른 AI의 추천을 수용하는 데에는 AI가 얼마나 인간다운지에 대한 의인화 그리고 나와 소통하고 있다는 개인화 혹은 이전의 유용성 경험 등이 복합적으로 작동한다(이진명, 2024). AI이긴 하지만 사람다운 무엇과 소통했을 때 시도할 수 있는 이유가 생기는 것이다.

빅데이터를 학습해 취향이 비슷한 이용자의 선호를 짐작해 추천하기도 한다. AI의 추천 알고리즘에서 최근 유행하는 성격 유형을 고려하기도 한다. 젊은 세대에서 유행한 MBTI 성격 유형과 관광지 선택 결과를 조합한 빅데이터를 학습한 AI가 성격 유형에 따라 여행지뿐 아니라 동행자를 추천할 수도 있다. 시간을 엄밀히 지키는 계획형은 계획형끼리, 실내에서 쉼이 필요한 내향형은 내향형끼리 집단화하는 것이다(박성모 외, 2021).

오래 고립되었던 사람이 새롭게 관계를 시작하고자 할 때, 나이나 거주 지역, 관심사 등을 매칭해 대화 주제를 공유할 수 있는 사람을 찾아 줄 수도 있다. 혹은 고립된 경험을 부정적으로 인식한다면, 고립 경험을 공유하거나 충분히 이해할 수 있는 사람을 찾아 주는 것도 가능하다. 고립되었던 사람이 다른 사람들과 관계망을 넓혀 가는 과정에서 AI는 이용자 간의 욕구와 관계를 연습하고 확장해 온 경험 등을 고려해 사람을 연결해 줄 수 있다. 연애하고 싶은 성인 남녀를 매칭하는 데이팅 애플리케이션에서 연령과 일, 취향 등을 질문하고 선호가 맞는 파트너를 찾아 주는 것처럼 말이다.

취향과 습관을 확장하는 AI

고립되었던 사람이 다시금 연결되기를 바라면서 방에서 집으로, 동네에서 더 넓은 지역으로 자신의 세계를 확장하는 과정에서 두려움을 느낀다. 대화를 나눌 주제가 충분하지 않을 것을 걱정하고, 오랫동안 사람들을 만나지 않은 부끄러운 자신을 알아차릴 것을 우려한다. 그럼에도 홀로 있는 고립 상황에서 벗어나 사람들과 다시 연결되는 데에 공감대는 핵심 요소가 될 수 있다.

다른 사람들과 다시금 연결되는 고립 이후의 생활에

서 거주 지역, 학력과 일 경험 등 사회적 자아를 공유하는 또래와의 관계망에서 어울리기를 바란다. 단순히 같은 공간에서 얼굴을 마주한다고 해서 관계를 맺어 가는 게 아니다. 어떤 계절을 좋아하는지, 좋아하는 음식이나 스포츠는 무엇인지, 소소하게 혹은 깊이 나눌 수 있는 대화 주제가 필요하다. 일상생활이 단조로워지고, 밤낮이 바뀌었거나 생산적이지 못한 시간을 보냈다고 회상하는 고립의 시간 동안 타인과 나눌 대화거리는 메말라 갔다.

고립된 경험 자체 혹은 그 밖의 취향이나 사는 방식을 고리로 미처 알지 못했지만 연결되기를 바라는 또 다른 누군가를 AI는 연결할 수 있다. 애플리케이션이든 플랫폼이든 자신이 어떤 사람인지, 무엇을 좋아하는지, 어디에 관심이 있는지 등을 남기면 AI가 온라인 빅데이터를 학습해 허용하는 범위의 연령대, 지역의 사람 중에서 취향과 선호가 비슷한 사람들을 매칭할 수 있다. 일대일 대화나 만남을 주선해 줄 수도 있고, 첫 만남이 두렵거나 위험하다면 MBTI를 고려한 여행지 추천 AI처럼 집단을 구성해 참여할지를 직접 물어볼 수도 있다. 선택은 본인의 몫이다(박성모 외, 2021).

그리고 아마존이나 OTT처럼 취향이 비슷한 사람들이 선택한 또 다른 영역으로 이용자의 취향과 선호를 확장해 갈 수도 있다. 드라마 장르의 영화를 좋아하던 사람에게 보사노바 계열의 음악을 추천하거나, 보사노바 음악을 듣던 사람이 최근 시도하는 러닝 크루를 추천하는 것도 충분히 상상할 수 있다. 그렇게 취향과 선호가 넓어지고, 연결되는 세계도 확장된다. 알음알음 지인을 넓혀가는 게 과거의 방식이라면, 이제 AI가 알고리즘으로 추천하는 새로운 세계를 시도할 수 있다. 취향과 습관을 아는 AI의 추천 알고리즘을 중심으로 방 안에 고립되었던 세계를 점차 확장할 수 있다.

취향과 습관을 공유하는 새로운 관계

문제는 신뢰다. 새롭게 사회적 관계를 맺을 만한 사람인지 AI 추천 알고리즘을 신뢰하는 것은 또 다른 문제다. AI의 추천을 만족하려면 신뢰와 몰입이 필요하다. 시도해 봤는데 기대를 충족했다거나, 기대보다 좋았다거나 혹은 다른 사람들이 만족스러웠다는 후기를 참고할 수도 있다(이진명, 2024). 유용한 경험, 즐거운 경험, 다른 경험에서 나온 후기 등이 AI 추천을 신뢰할 수 있게 하고, AI의 도움을 받아 결국 고립되었던 누군가가 서서히 관계를 확장하는 데에 기여할 수 있다.

AI의 의인화와 개인화도 중요한 요소가 될 수 있다.

사람과 사람을 연결하는 장이 가상 환경이든 실제 만남이든 사회적 실재감을 경험하는 데에 AI의 대화법이 얼마나 사람과 비슷한지에 대한 의인화와 이용자 고유의 취향과 습관을 이해하는지에 대한 개인화가 유효하다(변성혁 · 조창환, 2020). 타인과의 관계로부터 단절되어 고립되었던 이들이 다시금 연결되어 세계를 확장하는 여정을 사람의 얼굴을 닮은 캐릭터나 어딘가에 있을 법한 사람다운 이름, 어색하지 않은 목소리와 말투를 가진 AI가 자연스럽게 인도할 수 있다.

그런데 AI가 취향과 습관의 데이터를 학습해 타인의 취향과 연결하는 알고리즘이 특정 이용자에게 특정 정보를 제공하는 방식이나 데이터를 학습하는 과정은 이른바 블랙박스에 숨겨져 있다(김승현 외, 2022). 이를 반향실 효과 혹은 에코 챔버(echo chamber) 현상이라고 한다. 반향실은 특수한 재료로 소리가 밖으로 새어 나가지 않는 방을 말한다. 이 방에서는 소리가 메아리처럼 되울린다. 반향실 효과는 같은 처지와 생각만 계속 되풀이하며 수용하는 현상이다(장동우, 2022.2.28). AI의 추천 알고리즘만 따라가다 보면, 취향과 습관이 비슷한 사람들과만 소통하는 편향된 소세계에 갇히게 되고 결국 복잡한 온오프라인의 생활 공간으로부터 떨어뜨린다(구재령, 2022).

그럼에도 고립을 벗어나 새로운 연대를 이루어 가는 데에 AI의 기능을 기대할 수 있다면, 반향실 효과에 대처할 방법을 고민하는 게 낫다. 정보가 편향되어 있다면, AI가 학습할 편향된 빅데이터를 정제해야 한다(김승현 외, 2022). 이용자에게 제공되는 정보가 유해하거나 질이 낮다면, 전달되는 정보를 관리해야 한다(조진형 · 김규정, 2022). 무엇보다 고립된 경험이 있더라도 이용자가 AI 추천 알고리즘으로 주어지는 정보를 그저 받아들이는 수동적 존재가 아님을 믿어야 한다. AI와 관계를 다시 연습하고 AI 추천을 재료로 관계를 확장해 가는 이용자의 자기 인식과 역량을 강화할 일이다(구재령, 2022).

참고문헌

구재령(2022). 알고리즘과 메타포: 페이스북의 '에코챔버'와 구글 검색의 '필터버블'을 중심으로. ≪과학기술학연구≫. 22(3) 33-68.

김승현 외(2022). AI 추천 알고리즘 편향성과 규제에 관한 연구. ≪정보통신정책연구≫. 29(2), 111-144.

박성모 외(2021). MBTI 를 이용한 AI 알고리즘 여행지 추천 서비스 플랫폼 개발. Paper presented at the Proceedings of KIIT Conference.

변성혁·조창환(2020). AI 금융 챗봇 추천 메시지의 의인화와 개인화 수준이 고객 반응에 미치는 영향. ≪한국광고홍보학보≫. 22(2),

466-502.
유건우(2022). AI 챗봇과 상담원이 추천하는 제품에 대한 태도와 선택연기에 미치는 영향. ≪디지털융복합연구≫. 20(3), 297-307.
이진숙 외(2021). 대학의 AI 기반 맞춤형 강의 추천 시스템 개발 및 실제 적용 사례 연구 K 대학을 중심으로. ≪교육공학연구≫. 37(2), 267-307.
이진명(2024). AI 추천서비스에 대한 소비자 만족 신뢰와 몰입의 다중매개효과. ≪한국콘텐츠학회논문지≫. 24(5), 113-123.
장동우(2022.2.28). 커뮤니티의 '반향실 효과': 20대의 젠더갈등, The Psychology Times
http://www.psytimes.co.kr/news/view.php?idx=2970
조진형·김규정(2022). 소셜미디어에서 에코챔버에 의한 필터버블 현상 개선 방안 연구. ≪한국콘텐츠학회논문지≫. 22(5), 56-66.

09
초월적 관계

SNS는 시공간을 초월해 사회적 관계를 확장했다. 국경과 시간대까지도 넘나든다. 학습된 AI는 마치 영화에서처럼 동시에 다수의 개인화된 접촉을 실현하기도 한다. 놓쳤던 혹은 미처 알지 못하고 놓칠 수 있었던 인맥을 찾아주기도 한다. 시간의 흐름을 거스를 수도 있다. 상상해 왔던 새로운 형태의 연대가 AI 시대에 현실이 될 수 있다.

AI와 화장품?

시공간을 초월하는 AI

2000년을 얼마 남기지 않은 세기말, 아이러브스쿨이라는 커뮤니티 사이트가 등장했다. 초등학교부터 대학교까지 학교 친구와 선후배를 찾아 연결해 온라인 세계의 동창회를 만들어 냈다. 옛 추억을 공유하며 오프라인에서 흩어진 사람들은 온라인이라는 가상의 공간에서 다시 연결되었다.

아이러브스쿨뿐이 아니다. 2000년대에 들어 개시한 세이클럽은 아바타 서비스를 제공하며 이용자들을 끌어들였다. 가상의 내가 온라인 공간에서 사람들과 연결되었다. 개인 홈페이지를 제공한 싸이월드에서는 내가 누군가의 집에 놀러 가던 것처럼 내 아바타가 친구의 미니홈피를 방문해 안부 인사와 그간의 이야기를 남기기도 했다.

미국에서 개발된 페이스북은 국경을 넘었다. 어쩌다 알게 된 사람을 페이스북이라는 가상의 공간에서 다시 만나 인연을 이어갈 수 있었다. 누군가에게 페이스북 친구를 신청하면 그동안 쌓은 인맥을 넘어 새로운 사람들을 사귈 수 있었다. 심지어 페이스북 친구를 추천하는 AI 서비스로 이용자가 미처 알지 못하는 새로운 사람들과 국경이나 시간대와 상관없이 연결될 수도 있었다.

메신저도 있다. MSN이나 네이트온, 라인, 카카오톡, 위챗, 페이스북이나 인스타그램, 틱톡의 직접 메시지(DM)에 이르기까지 물리적으로 거리가 있는 누군가와 수시로 메시지를 남기고 소통할 수 있다. 글의 메시지뿐 아니라 사진과 영상으로 순간을 공유할 수도 있다. 그리고 AI 추천으로 뜬, 어느 이용자가 올린 글이나 사진, 영상의 게시물이 취향과 통한다면 새로운 관계를 맺어 나갈 수 있다.

수십 년 동안 온라인, 소셜 네트워크 서비스 그리고 AI 추천의 조합이 우리의 관계를 새로운 국면으로 이끌었다. 그동안에는 물리적으로 가까운 곳에서 같은 시간에 만나지 않으면 소통하기가 어려웠다. 전화 통화를 한다고 해도 시간이 맞지 않으면 대화를 나눌 수 없었다. 하지만 온라인에서 물리적 거리는 더 이상 문젯거리가 되지 않는다. 한 사람은 서울에, 또 한 사람은 부산에 있어도 소셜 네트워크 서비스에서는 같은 가상의 공간에 머무를 수 있다. 국경을 넘어 시간대가 다르더라도 동시에 접속할 수 있다. 동시에 접속하지 못하면 즉시 소통하긴 어려워도 메시지를 남기고, 남긴 메시지에 답을 하며 시차가 있는 대화를 나눌 수는 있다.

AI 추천 서비스는 잊고 있던 지인을 건너건너 찾아 주기도 한다. 미처 이전에 알지 못했더라도 취향이 맞는 사람을 AI 추천 서비스로 만날 수도 있다. 혹은 입력한 정보에 따라 같은 동네 친구를 찾아 주기도 한다. AI는 시간과 공간을 초월해 기존의, 그리고 새로운 관계를 맺어준다.

학습된 AI와의 개인화된 접촉

영화 〈그녀〉에서 사만다는 남자 주인공과 정서적 교감을 나눌 수 있을 만큼 학습된 AI였다. 대규모 업데이트 이후 남자 주인공과 더는 소통하기 어렵다는 사실을 전했을 때, 그 관계는 AI에 의해 단절되었다. 그때 이별을 겪은 남자 주인공이 좌절한 또 하나의 이유는 AI가 친밀한 교감을 나누던 사람이 자신만이 아니었다는 사실이다. AI는 이용자의 선호에 따라 이름과 목소리를 바꾸어 가며 수십만 명과 소통하고 있었다. 남자 주인공은 자신이 사만다인 줄 알았던 AI에 유일한 존재가 아니라는 사실을 그때에야 깨달았다.

이렇게 생각해 볼 수도 있지 않을까? 영화에서처럼 사람과 정서적 교감을 할 수 있도록 학습된 AI라면, 개인화된 소통이 가능할 수 있다. 이용자가 원할 때 이용자가 원하는 곳에서 온라인으로 연결되어 있다면, 언제든 AI

와 일대일 대화를 시도할 수 있는 것이다.

2023년에 처음 고립되거나 은둔하고 있는 청년들을 대상으로 하는 실태 조사가 실시되었다(김성아 외, 2023). 다른 사람들과 사회적 교류가 거의 없고, 어려울 때 도움받을 수 있는 지지 체계도 없이 고립되어 있는 청년들이었다. 혹은 집이나 방과 같은 물리적 공간에서 외출도 거의 하지 않고 자신을 가두며 은둔하는 청년들이었다. 그들은 극단적 선택을 생각할 만큼 고립되거나 은둔하는 상황을 어려워했지만, 혼자만의 의지와 노력만으로는 그 상황에서 벗어나기 어려워 머무르고만 있었다. 그러나 자괴감을 느끼지 않으며 누구에게나 똑같이 주어진 24시간을 그저 흘려보내려고 돈이 들지 않는 온라인에서 수많은 시간을 보내고 있었다.

그들에게 시간은 똑같이 흘러가고 있었지만, 낮과 밤은 무의미했다. 깨어 있는 어느 순간 단절된 이 상태에서 벗어나 누군가와 연결되기를 바랄 때가 있지만, 그 순간 접촉할 수 있는 이는 흔하지 않다. 힘듦을 토로하려 전화를 걸 만큼 믿을 수 있는 지인이 많지 않고, 있더라도 한밤중에 통화 버튼을 누르기 쉽지 않다. 그때 시간과 공간을 넘나들며 고립과 은둔의 어려움을 이해하면서도 정서적 교감을 학습한 AI는 시시때때로 그 청년의 도움 요청(SOS)에 답할 수 있다. 챗봇처럼 개인화된 일대일 대화도 할 수 있다. 다른 누군가를 위한 게 아닌 나만을 위한 청자(聽者)가 될 수 있다.

거기다가 챗GPT처럼 AI의 성별이나 목소리를 선택할 수도 있고, 이름을 지어 줄 수도 있다. 타인과 관계가 단절된 채 오래 고립된 한 사람이 다시금 연결되기를 선택했을 때, 오직 그를 위해 준비된 대화자와 관계 맺기 연습을 시작할 수 있다.

관계의 발견과 연결

소셜 네트워크 서비스에서 AI 추천 서비스는 새로운 인맥을 찾아 주기에 이르렀다. AI는 내가 모르는 지인의 지인을 연결한다. 케빈 베이컨 게임이 유명하다. 내가 알고 있는 사람이 알고 있는 또 다른 사람의 몇 단계를 거쳐야 케빈 베이컨이라는 이름의 배우에 이르는지 실험하는 것이다. 이 게임에서는 가장 짧은 단계 혹은 베이컨 숫자를 찾으면 승리한다. 그리고 대부분 케빈 베이컨에 이르기까지 6단계를 넘지 않는다. 이를 심리학자 스탠리 밀그램의 '6단계 분리 원칙(Six Degrees of Separation)'이라고 한다(Milgram, 1967). AI 추천 서비스는 '6단계 분리 원칙'을 넘어서 새로운 관계의 규모와 역할을 확장해 간다.

기존의 소셜 네트워크 서비스에서 이용자가 기입한 개인정보를 조합해 친구를 찾아 주었다면, AI 추천 서비스는 실시간 위치 정보를 이용할 수도 있다. 위성을 이용해 이동체의 현재 위치 그리고 이동하는 거리와 속도에 따른 변동 위치를 인지할 수 있는 위치 정보 시스템(Global Positioning System, GPS)을 이용해 지금 이 순간 가까운 곳에 있는, 내 취향과 습관을 공유할 만해서 지인이 될 만한 누군가를 찾아 줄 수 있다. 마치 음식점이나 카페를 추천해 주는 것처럼 말이다.

또 다른 새로운 관계를 만들 가능성은 AI가 시간을 넘나들며 학습할 수 있다는 사실에서 비롯한다. AI는 역사 속 인물의 말과 이미지를 학습해 그를 구현할 수 있다. 목소리 정보가 남아 있다면, 딥페이크 방식으로 그마저도 학습할 수 있다. 1926년에 태어나 1962년에 사망한 배우 매릴린 먼로와 1930년에 태어나 2020년에 사망한 또 다른 배우 숀 코너리는 AI로 되살아나 2024년에 공개된 한 영화에 등장했다(김성호, 2024.10.12). 그렇다면, AI로 재현된 역사 속 인물과 현대에 다시금 소통할 수 있다. 그 인물이 남긴 말과 이야기를 학습한 AI는 그의 철학을 바탕으로 지금 새롭게 대화를 나눌 수도 있다. 그리고 시대를 뛰어넘어 새로운 인맥이 만들어지는 것이다.

AI는 고립에서 벗어나는 순간을 함께할 뿐 아니라 새로운 관계를 발견하고 연결해 세계를 확장할 수도 있다. 물론 타인과 단절된 채 관계를 연습해야 하는 단계에서 AI가 민감하게 정서적 교감을 나누려면 학습할 재료를 정제해야 한다. AI는 오래 고립된 채 대화 나누는 방법을 잊어버린 누군가가 다시 연결되기를 바라며 느낄 수 있는 기대감과 두려움의 양가감정도 학습해 둬야 한다. 고립되었던 이가 다시금 대화를 나누는 데 실수하거나 실패할 수 있다는 사실도 AI는 학습해야 한다. 그렇다면, 역시 AI는 고립을 넘어 새로운 관계를 연결할 매개체가 될 수 있다.

참고문헌

김성아 외(2023). 고립·은둔 청년 실태조사 연구. 보건복지부. 한국보건사회연구원.

김성호(2024.10.12). 마릴린 먼로와 숀 코너리가 충격전을? 딥페이크의 경고. 오마이뉴스 https://m.ohmynews.com/NWS_Web/Mobile/amp.aspx?CNTN_CD=A0003068099

Milgram, S.(1967). Six degrees of separation. *Psychology Today*. 2, 60-64.

10
새로운 연대를 여는 AI

공동체가 해체되고 초개인화된 고립의 시대다. 거기에 사람의 모습을 닮은 AI가 등장하는 우연한 두 사건이 만났다. 누군가의 우려대로 사람을 대체하는 AI가 고립을 심화할 수도 있다. 혹은 그 AI가 고립에 대응해 새로운 연대의 상상력을 실현하는 새로운 기회가 될 수도 있다. 두 선택지 중 어느 하나를 고르는 것은 이제 우리의 몫이다.

종교와 AI?

"강력한 AI의 등장은 인류에게 일어나는 최고의 일도, 최악의 일도 될 수 있다. 우리는 어느 쪽이 될지 알 수 없다(The rise of powerful AI will be either the best, or the worst thing, ever to happen to humanity. We do not yet know which)"(스티븐 호킹, 2026.10.20).

초개인화된 시대, 사람을 닮은 AI의 등장

농경사회에서는 집단의 공동 대응이 필요했다. 해와 달의 흐름, 계절을 보고 시기에 맞춰 씨를 뿌리고 길러 내고 추수해 얻은 생산물을 먹거리로 만들어 내려면 전승된 지식과 노하우 그리고 집합적 체력이 필수다. 그리고 내 생존 확률을 높이려면 내가 속한 집단 수준의 역량이 중요하다. 이를 위해 곡물을 길러 낼 땅과 자연 그리고 혈연을 바탕으로 한 신뢰가 집단을 묶는 효과적 방법이었다.

산업혁명 이후 점차 사회 구성원이 분담해야 하는 역할이 세분되면서 생존하기 위한 집단의 크기가 점차 작아졌다. 공장이 세워지는 도시로 일자리를 찾아 이동하기에 편하도록 다세대의 확대가족에서 부모와 자녀의 핵가족이 주된 가족 형태로 자리 잡았다. 작아진 내 가족을 책임지면 될 일이었다.

디지털화가 진행되면서 집단의 크기는 개인 단위로 더욱 작아졌다. 기계가 사람의 노동력을 대신하고 물가가 인상되면서 한 명이 돈을 벌어 가족을 부양하는 게 힘들어졌다. 성인이라면 돈을 벌려고 일해야 했다. 한 명이 벌어오는 돈에 모든 가족이 의지하지 않아도 되면서 가구 분리가 점차 수월해졌다. 최근 들어서는 1인 가구가 증가했다. 이런 추세는 한국만의 상황이 아니다(Our World in Data, 2024.10.13).

개인의 의미와 존재가 살아나면서 우리 사회는 초개인화되어 갔다. 초개인화(hyper-personalization)는 나이나 성별, 사는 곳, 취향과 같은 생활 방식과 같은 개인의 특성에 주목하는 개인화를 넘어 소비자의 상황과 맥락까지 실시간으로 파악해 선호를 예측하는 수준까지 이르는 것을 말한다(주수빈 외, 2021). 생성형 AI가 개입해 소비자의 행동 데이터와 개인화된 정보 그리고 선호가 비슷한 다른 소비자의 행동 데이터를 결합하면 취향과 선호를 유인할 수도 있다.

사람의 목소리, 말투와 표정을 닮은 AI가 어설프게 사람을 닮은 로봇이 부정적 감정을 유발한다는 불쾌한 골짜기까지 넘었다면 AI를 신뢰할 수도 있다(Mori et al., 2012). 그런 AI가 이용자가 처한 상황과 맥락에서 신호할 만한 무언가를 추천한다면, 다음 행동을 하는 데에 서슴지 않을 수 있다.

공동체가 흩어지고 초개인화된 시대에 사람들이 다른 사람들과 관계를 맺는 방법도, 관계를 맺어 가는 방법도 달라졌다. 사람들과 관계를 맺으며 겪을 수 있는 갈등을 관리하는 방법도 낯설어 관계 자체를 회피하기도 한다. 그렇게 타인과 교류하지도 않고, 관계를 맺어 나가는 방법이 어색해 서로 도움을 주고받는 지지 체계 없이 고립되어 간다. 그들에게 사람을 닮은 AI가 나타났다.

고립을 넘어 새로운 연대를 여는 AI

예전에는 피를 나눈 가족, 친인척이나 동네의 이웃사촌, 학교나 동네 놀이터에서 만나는 친구들과 자연스럽게 관계를 맺어 나갔다. 형제자매와 같이 자라면서 다퉈도 관계를 안전하게 유지하는 방법을 배워 나갔다. 초등학교부터 중학교, 고등학교 그리고 필요하면 대학교까지 같은 공간에서 일상을 보내며 친구를 만나는 것은 당연한 일이었다. 학교를 졸업하고 사회로 나가면서 직장에서 만나거나 업무상 알게 되는 지인이 생기기도 한다. 연인을 만나고 결혼하게 되면 배우자와 친밀한 관계를 맺는다. 자녀가 태어나면 그렇게 또 다른 가족을 통해 세대가 이어진다. 과거에 관계를 맺어 나가는 방식이다.

하지만 이제는 뭔가 달라졌다. 혈연을 기반으로 하는 가족의 크기가 작아졌고, 친인척과 자주 만나지도 못한다. 학원이나 학교에서 만나는 급우들은 순위 싸움을 하는 경쟁자가 되었다. 취업에 성공하는 것도 어렵고, 성공하더라도 바빠서 사람을 만날 틈이 없다. 졸업이 미뤄지고, 취업이 늦어지다 보니 연애나 결혼도 점차 지연된다. 생존하기 위해 각개전투하게 되고(김홍중, 2015), 고립된다.

고립의 시대에 맺어 갈 관계, 새로운 연대에 사람을 닮은 AI가 할 일은 무엇일까? 살고 있는 곳이나 이동하는 위치 정보나 온라인에서 시간을 보내는 방식과 같이 정형화되지 않은 빅데이터를 학습할 수 있는 AI는 고립된 누군가를 탐지하고 찾아낼 수 있다. 그가 원한다면 사람을 닮은 AI가 함께 대화를 나누며 관계 맺기를 다시 연습하도록 도와줄 수 있다. 그리고 고립되었던 그의 인간관계를, 세계를 점차 확장해 가는 데에도 AI가 역할을 할 수 있다. 학습되어 사람을 닮은 AI는 시공간을 초월하고, 원한다면 모든 이용자와 일대일 대화를 나눌 수도 있다. 고립의 시대가 AI와 조우한 것은 우연일 수 있지만, 이를 활용하는 건 또 다른 이야기다.

하지만 더 나아갈 곳이 없는 건 아니다. 사람들과 관계가 단절된 고립의 반대말은 사람들과 연결되는 것이다. 아무리 사람을 닮더라도 AI 혹은 기계가 아닌 사람과의 연결이다. 기계가 작동하다 보면 열에너지가 발생하니 따뜻해질 수 있지만, 고립을 넘어 연결될 다음 단계에서 만날 것은 모니터와 마이크 혹은 출력기를 넘어선 따뜻한 체온을 지닌 사람이다. AI 다음의 관계는 다시 사람이다.

AI와 공존하는 연대, 무엇을 할 것인가

그렇다면 AI와 공존하는 새로운 연대를 열어 가는 데에 무엇을 해야 할지 논의할 때다. 스티븐 호킹이 말한 것처럼, 사람을 닮은 AI가 최고의 일이 될지, 최악의 일이 될지는 정해진 일이 아니기 때문이다.

사람을 사람답게 만드는 요소는 몇 가지 있다. 사람은 사색할 수 있다. 단순히 주어진 정보를 조합해서 다음 행동으로 추출하기를 넘어선다. 정보의 질을 주관적으로 판단해 버릴 것과 취할 것을 선택한다. 판단 과정이 틀릴 수도 있지만, 깊이 생각하고 이치를 따져 숙고할 수 있다. 그리고 행동으로 표출할 수도 있고, 숨길 것을 선택할 수도 있다.

사람은 입체적 사고를 할 수도 있다. 주어진 정보를 선별하여 새롭게 조합하는 것뿐 아니라 내 처지와 타인의 처지를 동시에 고려할 수 있다. 내 언행을 타인이 어떻게 받아들일지 상상하고, 기대되는 그의 반응에 따라 내 언행을 조절할 수 있다. 상대방의 태도와 사고방식을 알고 있다면 더욱 수월하다. 혹은 내가 선택한 언행으로 다음 단계의 주고받음까지 예측할 수도 있다. 예측이 틀릴 수도 있지만 시도할 수는 있다.

사람은 반성할 수도 있다. 주어진 정보를 선별해 숙고하고 상대방의 반응을 예측해 선택한 내 언행에 잘못이나 부족함이 없는지 돌이켜 보고, 틀렸다면 사과하고 조율할 수도 있다. 그렇게 타인과의 관계가 점진적으로 계속될 수 있다.

양과 무관하게 주어진 정보를 조합해 학습하는 AI는 사색하거나 입체적으로 사고하거나 반성하는 건 어렵다. 오타와 속어까지 섞어 쓰면서 이용자로 하여금 사람과 대화하는 것처럼 느끼게 했던 대화형 AI '이루다'는 자신이 학습한 데이터를 무지성적으로 받아들였으니 혐오 표현과 성차별적 언행까지 일삼았다(김영화, 2021.2.3.; 중앙일보, 2021.1.11). 질문에 답변하는 챗봇이 이용자의 뉘앙스를 알아차리지 못하고, 적확한 표현이 아니면 이해하지도 못한다.

고립을 넘어 새로운 연대를 꿈꾸며 AI와 공존할 다양한 전략을 상상할 수 있다. AI는 시공간을 초월해 일대일 관계를 다시 연습할 만한 상대가 될 수 있고, 새로운 인간관계를 확장해 줄 수도 있다. 하지만 AI가 학습할 데이터의 질 관리, AI만으로는 사람과의 연결을 충족할 수 없다는 한계를 넘어서야 한다. 그렇다면, 스티븐 호킹이 말한 두 가지 선택지 중 최고의 것을 만들어 갈 수 있다.

참고문헌

김홍중(2015). 서바이벌, 생존주의, 그리고 청년 세대: 마음의 사회학의 관점에서: 마음의 사회학의 관점에서. ≪한국사회학≫. 49(1), 179-212.

김영화(2021.2.3). '이루다'가 멈춘 곳이 '우리의 현재.' ≪시사IN≫.

스티븐 호킹(2026.10.20). Stephen Hawking- will AI kill or save humankind?'." BBC. https://www.bbc.com/news/technology-37713629

주수빈 외(2021). 개인별 생활 루틴을 반영한 초개인화 추천 시스템. *Journal of The Korean Data Analysis Society*. 23(6), 2587-2598.

중앙일보(2021.1.11). 이루다 만든 스캐터랩 대표 "이루다 논란, 오늘 입장 밝힌다."

Mori, M., et al.(2012). The uncanny valley [from the field]. *IEEE Robotics & automation magazine*. 19(2), 98-100.

Our World in Data, Percentage of one-person households, 1960

to 2018,
https://ourworldindata.org/grapher/one-person-househol
ds

김성아

한국보건사회연구원에서 일하고 있다. 한 사람 한 사람이 행복한 양질의 삶을 누리는 데 이바지하는 사회정책을 연구하려고 행복경제학을 공부했다. 2021년 하반기에 고립되거나 은둔하고 있는 청년들을 만나면서 청년뿐 아니라 전 생애에서 고립된 이들이 회복하고 사회로 복귀할 수 있도록 돕는, 그래서 새로운 연대의 가능성을 실현하기 위한 정책 연구를 하고 있다. 집필한 주요 정책보고서로 『취약계층 청년 범위 및 지원에 관한 연구: 사회적 고립(은둔) 청년을 중심으로』(2021, 국무조정실, 한국보건사회연구원), 『고립·은둔 청년 지원사업 모형 개발 연구』(2022, 보건복지부, 한국보건사회연구원), 『고립·은둔 청년 실태조사 연구』(2023, 보건복지부, 한국보건사회연구원) 등이 있다. "사회적 고립의 심리적 비용: 주요국과의 비교"(2022), "청년 은둔의 사회경제적 비용"(2023), "팬데믹 위기 속 사회적 고립, 그 양상과 결과"(2024) 등의 학술 논문을 게재하기도 했다. 2024년 9월에는 청년의 고립과 은둔을 완화하기 위한 정책 연구를 수행한 공로로 청년정책 유공 국무총리 표창을 받았다.